怎样做幼稚园教师

大夏书系·名家经典

陈鹤琴 著

华东师范大学出版社
全国百佳图书出版单位

目录
Contents

编选说明 1

第一章 幼稚园教师基本素养
怎样做人民的幼稚园教师 3
谁是成功的教师 12

第二章 认识幼稚教育
为什么要办幼稚园 21
幼稚教育之目标 26
幼稚教育之原则 31
现今幼稚教育之弊病 40
幼稚教育之新趋势 44
我们的主张 53

第三章 课程与教学

幼稚园的课程 69

整个教学法 75

幼稚园的故事 80

图画教学法 96

读法教学法 102

儿童玩具与教育 106

幼儿园应该进行识字教育吗 110

第四章 儿童训育的实施

训育的基本问题 115

儿童训育应该怎样实施的 124

谈谈学校里的惩罚 129

怎样矫正学生的过失 132

第五章　幼儿园教师实用技巧

如何使幼稚生适应新环境　*137*

论幼儿园的环境布置　*145*

幼稚生自己点名的方法　*150*

怎样编排幼稚园的日课表　*152*

幼儿园进行汉语拼音和注音识字教学问题　*154*

第六章　实施活教育的原则

凡是儿童自己能够做的,应当让他自己做　*159*

凡是儿童自己能够想的,应当让他自己想　*161*

你要儿童怎样做,就应当教儿童怎样学　*163*

鼓励儿童去发现他自己的世界　*164*

积极的鼓励胜于消极的制裁　*166*

大自然大社会是我们的活教材　*168*

比较教学法 *172*

用比赛的方法来增进学习的效率 *177*

积极的暗示胜于消极的命令 *183*

替代教学法 *188*

注意环境，利用环境 *191*

分组学习，共同研究 *194*

教学游戏化 *197*

教学故事化 *199*

教师教教师 *202*

儿童教儿童 *205*

精密观察 *208*

编选说明

陈鹤琴先生（1892~1982）被誉为中国现代儿童教育的奠基人与开拓者、"中国的福禄培尔"；他于20世纪20年代创办的南京鼓楼幼稚园（现为南京鼓楼幼儿园）作为中国现代儿童教育发展历程的起点被载入教育史；他所倡导并亲身实践"一切为儿童"与中国化、科学化、大众化的教育目标追求，反映出中国儿童教育所具有的特质、特点和发展规律。通过对幼儿园教学与课程研究、制定标准，逐步形成具有鲜明的中国特色、可行的现代幼儿园理论学说。

幼儿园教师不仅担负着培养儿童、教育儿童的神圣使命，更在从事一种充满活力与美感的事业。教育是一门科学，也是一门艺术。教师应以"慈母的心肠"、"研究的态度"与"艺术家的眼光"，发现、发展儿童的潜在能力，熏陶与激发儿童的情感、情绪、思想；通过游戏与集体教学活动，使儿童与大自然、大社会充分接触，发展、健全儿童的身体、品格，丰富儿童的经验与知识，培养优良习惯和审美、艺术能力；注重学校教育与家庭教育、现代父母教育的融合，从而实现"幼儿教育作为人生最基本教育"的目标与责任，使幼儿园真正成为儿童快乐成长的花园。每一位从事幼儿教育的教师都能成为儿童幸福人生的引路人。

本书在选编过程中，力求体现出内容全面、道理深刻、文字易懂、实用性强等陈鹤琴教育著作一贯的风格、特点。全书内容分为两大部分，分别从基本原理、课程原则、教学方法、教科书、玩具与游戏、艺术教育、幼儿园管理、教师修养等方面予以阐述，一方面使幼儿园学说内容立体、完整、具体，为教师在审视与评价自己所从事的事业或工作时建立基础；另一方面，幼儿园教学、管理既是整体，又术业专攻，掌握与了解各科目不同的教学技术、技能和工作规律、特点同样是教师素质的具体体现。

特别要说明的是，本书中的大部分教学法、案例、研究报告、教材等内容，曾于20世纪20年代初至40年代末在南京鼓楼幼稚园实施、使用、推广，几十年后，这所幼儿园仍然享有盛誉，生机勃勃，焕发新的活力。

需要补充说明的是，陈鹤琴的教育研究涵盖了小学、幼稚园、家庭教育等方面，本书与《怎样做小学教师》的读者对象虽有差异，但考虑到部分文章同时适合小学教师、幼稚园教师阅读，且是陈鹤琴教育思想之精华，因此在编选过程中，部分章节有重合。

本书由陈秀云女士审阅，柯小卫选编。

编　者

2013年4月阳春

第一章 幼稚园教师基本素养

怎样做人民的幼稚园教师

一、业务修养方面

(1-4）略

5. 要了解和精通幼教业务。要做一个好的幼稚园教师，一定要了解和精通自己的业务，如音乐、自然、故事、游戏、舞蹈、手工、图画等教学技能和各种教学方法。

6. 要了解教师本身的品质是养成儿童品格的重要因素。加里宁说："教师的世界观，他的品行，他的生活，他对每一现象的态度都这样或那样地影响着全体学生。"（加里宁：《论共产主义教育》第43页）这是非常正确的。教师的一言一语、一举一动，无形之中都会深刻地影响儿童的。所以，做一个好的教师一定要具有优良的品质，处处以身作则，这样才能养成儿童良好的品格。

7. 要了解怎样保护儿童的健康。

（1）培养卫生习惯。卫生习惯是巩固儿童身心健康的必备条件，从幼稚园开始就要积极指导儿童注意日常生活上的卫生习惯。如每天早晨大便一次，不乱吃零食，经常保持身体、头脸、服装的整洁习惯等等。

（2）注意作息时间。从保护儿童健康和养成规律生活的习惯上看，在幼稚园和家庭里面，对于作息时间是要儿童严格遵守的。如按时起床，按时睡觉，按时进膳等等，都是值得教师们注意的。

（3）发展儿童各种活动动作。一个人的身心发展在他最早的几年当中是最迅速的，也是最基础的。所以儿童各种活动动作的发展在学龄前是非常重要的。

（4）重视户外活动。空气和阳光对于儿童健康的重要是不言而喻的。因此，幼稚园的活动最好能够在户外。苏联的幼稚园即使在冬季也规定每天必须在户外活动3~4小时。户外活动对于儿童身心的发展，实在是必要的。

（5）给儿童充分的娱乐和游戏。娱乐和游戏对于儿童身心的发展是有重大的意义的。它可以给儿童丰富的经验，它也可以给儿童学习怎样控制情绪和怎样与人相处，还可以发展身体的技能，启发儿童的智力。因此幼稚园应该为儿童设置良好的游戏环境，指导儿童游戏，使儿童在游戏中得到良好的教育。

（6）了解什么是儿童的营养。植物需要一定的养料和水分，才能滋生茁壮。儿童也需要良好的营养才能发育成长。所以幼稚园教师一定要了解各种食品的营养和儿童的需要。

（7）注意儿童合理的衣着。营养对儿童的健康是非常重要的，而合理的衣着不能忽视。如质料的选择，式样的选择，教师都可以向母亲们建议。有的孩子四五岁了，母亲还是给他穿开裆裤，这是有碍个人卫生的；还有些孩子，一到冬天就被长袍大褂束缚得连走路也成问题了。诸如此类，幼稚园教师应该随时指导母亲们纠正过来，或者选一个适当的机会向母亲们作一次集体的教育，以便使儿童们得到合理的衣着。

（8）预防传染病。预防传染病是保护儿童健康最重要的工作。所以教师们一定要了解怎样预防各种传染病，如天花、麻疹、白喉、百日咳、霍乱、伤寒等等。随时和卫生机构联系，实施预防。

（9）矫正儿童身体的缺点。这里所说的儿童身体上的缺点，并不是指很严重的现象，是指的比较轻微的缺点，无需医药上的矫治而能矫正的。如口齿不清、口吃、坐立姿势不正确等。必须医药矫治的，要尽可能指导家长正式就医，或指给长期应该注意的矫正办法和优良习惯的养成。

（10）锻炼儿童的体格以适应环境。苏联的儿童对于体格的锻炼是非常注重的。如冷水浴是常常进行的。经过这样的锻炼，他们才能在冰天雪地的土地上生活着，适应他们寒冷的环境。我们往往不知道如何锻炼,一味地防护,把儿童养得太娇嫩,是应该改变的。

(11)给不同年龄的儿童各种玩具和游戏器具。玩具和游戏器具对于幼儿的重要,正和大中小学学生有教科书一样。随着儿童的身心发展,各时期儿童对于玩具和游戏器具有不同的爱好。因此,玩具和游戏器具的设置,要随着儿童年龄大小和爱好而分别配备,才能助长儿童身心各方面的正常发展。

8. 要了解儿童的智力是怎样发展的。

(1)感觉训练是认识一切环境的基础。"生而知之"是不可能的。儿童对于环境中各种事物的认识一定要眼睛看到,耳朵听到,手接触到,才能了解事物的真相和性质。著名的女教育家蒙台梭利认为训练儿童的感觉是非常重要的,这是很正确的。

(2)儿童智力是在游戏中、作业中、劳动生活中、自然社会中获得基本知识的累积。因此教师们必须设置各种游戏的环境、工作的环境,并组织儿童参加一些力所能及的劳动,随时随地向大自然大社会进攻,追求事物的真理。这是发展儿童智力的钥匙。教师们应好好地掌握,为儿童打开一道寻找智慧之门。

(3)帮助儿童注意四周的环境。帮助儿童注意四周的环境可以发展儿童各种兴趣,满足儿童的求知欲,培养儿童的观察力。我曾在南京鼓楼幼稚园做过一个试验,第一天我将墙上的挂图都翻过去,问小朋友图中是什么东西,可是许多小朋友都不知道。于是我再翻过来,告诉他们这是什么,那是什么。过了几天,我再将图翻过去,这一次,小朋友大都能回答出来。由此,我们可以知道,儿童有时对于教师们布置的环境,也不很注意。因此我们一定要帮助儿童张开眼睛,打开耳朵,挥动双手,使儿童能认识环境,接触环境,以至创造环境。

9. 要了解怎样培养儿童的道德品质。

(1)要和儿童共同游戏,共同工作。一个教师如果像工头一样站在学生的旁边,指挥这个,命令那个,而自己却十指不沾。这是顶坏的现象,也是顶笨拙的教学方法。如果你要了解儿童的个性和兴趣，明了儿童的能力和情感，自己一定要参加到儿童的队伍里面去，共同游戏，共同工作。这样才能深切地了解儿童，指导儿童。

（2）教导儿童分配玩具时，要互相谦让。没有一个儿童不爱好玩具，也没有一个儿童不想独占玩具的。所以，教师一定要分配玩具，将玩具交给某班儿童或某几个儿童，以便培养儿童的责任感，并可训练儿童如何爱护公共财物。在玩的时候还要指导儿童如何互相谦让，如何合作互助。

（3）要教导儿童敬爱父母、尊敬师长。我们对于教导儿童敬爱父母、尊敬师长，应当十分重视。因为敬爱父母、尊敬师长就是教导儿童爱祖国、爱人民的起点。

（4）要教导儿童有服从性、纪律性。教导儿童服从真理、服从集体，养成儿童自觉的纪律性，这是儿童道德教育最重要的一部分。教师们应当在儿童整个生活中，集体的方式下，指导儿童了解为什么要服从真理，为什么要服从集体；如何服从真理，如何服从集体。指导儿童了解为什么要有自觉的纪律性，如何养成自觉的纪律性。

（5）要培养儿童的毅力、坚韧力、忍耐心、勤劳、勇敢、朴素的品质，使儿童建立起自觉的纪律性。

（6）要培养儿童爱祖国、爱人民、爱国旗、爱毛主席、爱人民解放军以及国际友爱，憎恨祖国的敌人的意识。培养儿童的"爱感"和"憎恨"，是要从小时便开始的。做幼稚园教师的要指导儿童明辨是非，知所"爱"也知所"憎"。譬如爱祖国，就不仅仅是爱新中国，凡是新民主主义国家、社会主义国家都应该爱。而对于压迫剥削弱小人民的帝国主义，就应该表示憎恨。我们可以举一个事实来说明：当年苏联十月革命成功之后，高尔基要求列宁对于反革命分子不要太残酷，列宁指出：对敌人慈悲，就是对自己残酷。高尔基仍坚持自己的看法，后来列宁被反革命分子所击伤，这时，高尔基才恍然大悟，认识到对敌人是不能太宽容的。由这一个例子，我们可以知道，要贯彻对祖国对人民的热爱一定要憎恨祖国的敌人，这样"爱"才更明确，更彻底，更有力量。

10. 要了解怎样发展艺术教育。

（1）环境艺术化。爱美是儿童的天性。当儿童跑到一个优美的环境里面，看看四周是苍翠的树木，鲜艳的花卉，还有各种有趣的小动物，又有美丽的图片，试想他会不会发生一种美感和愉快的情感？是不是陶冶了他的性情和心灵？毫无疑义，儿童就在优美的环境里，顺着爱美的天性得到合理的发展。因此环境艺术化是教育的一种手段，决不可以忽略。

（2）注意自然的美和丰富的形态以及声音。伟大的音乐家、画家和诗人，都是对自然的美具有深湛的欣赏力，以高超的技术，将自然的形态和声音描写得淋漓尽致。这种欣赏力从哪里来呢？当然要有适当的环境来培养的。所以，做教师的人要指导儿童欣赏自然的美，注意劳动人民的劳动歌声和动作，使儿童从大自然中，从劳动社会里体会到自然的雄伟壮丽和劳动人民的伟大，从而对劳动和自然发生浓厚的兴趣。

（3）用诗歌、图画、音乐、舞蹈、各种手工等，发展儿童的创造性。幼稚园的小朋友常常喜欢用图画、诗歌或音乐来表达自己的情感。做教师的应该鼓励儿童创作，以发展他的创造性，发挥他的艺术天才。

二、教学技术方面

（一）要掌握教学技术的原则

1. 要了解教学的基本原则在"做"。所谓"做"，并不限于双手做才是做，凡是耳闻、目睹（观察），调查、研究，都包括在内。也就是我们通常所说的"实践"。"做"是儿童对生活直接的体验。儿童对任何事物有了直接的体验后，才知道事物的真相，才能了解事物的性质，才能明了事物的困难所在。儿童要求得真实的知识一定要"做中学"，而教师也应在"做中教"，共同在"做中求进步"，这是教学最基本的一个原则。

2. 能掌握理论与实际一致的教学方法。在幼稚园的教学活动中，如果掌握了理论与实际一致的教学方法，可以使儿童在实际活动中了解日常事物的普遍真理，将经验提高到浅显的理论，这对于启发儿童的智力是有帮助的。

3. 能了解每个儿童的个性和他的问题。了解儿童的个性，明了儿童问题发生的原因，教师就可以对症下药，引导儿童步入正确的途径。

4. 建立师生间的友谊。儿童从母亲的怀抱走到教师的身边，从熟悉的环境走到陌生的环境，这在他的情感上会引起很大的波动。在这个时候，他很需要人关心他，爱护他，使他不觉得从家庭走进幼稚园，像是失去依靠似的觉得孤单、寂寞。因此，教师一定要跟儿童建立友谊，使儿童觉得你是他的朋友、他的伴侣，他很信赖你。这样教师就可以掌握儿童的情感，引导儿童走上正确的途径。

5. 能选择适当的学习经验。一班几十个儿童，他们的生活经验、个性、兴趣以及学习能力，大都不相同，做教师的一定要依照着儿童的经验、个性、兴趣以及学习能力为他选择适当的学习材料，这样才能使教学活动收到相当的效果。

6. 能充分利用大自然大社会中的活教材。最近鼓楼幼稚园的教师应用了一种活教材，非常有意思。就是将大蒜头的皮剥掉，用铅丝穿成一个圆形，放在花盆内，盆内放水和棉花，几天之后，大蒜头长出了碧绿的芽。从这一个教材中间，不但可以使儿童明了大蒜生长的情形，还可用以作为布置教室的材料。再如从劝募寒衣的教学活动中也可以使儿童发挥阶级友爱的精神，实践爱人民的品德。所以，充分利用大自然大社会中的活教材，是教师掌握教学的重要原则。

7. 能掌握表情达意的工具。如言语、文字、图画、音乐等。掌握了表情达意的工具，才能使教学活动的内容更生动、更丰富、更能起教育作用。譬如讲一个故事，不但讲得娓娓动听，而且用图画出来，儿童对于这个故事的印象一定更深。所以掌握表情达意的工具，也是教学原则之一。

（二）要掌握教学技术

1. 能讲动听的故事。爱听故事是儿童的天性。一个正在吵闹啼哭的孩子，你说讲故事给他听，他可能会瞪着泪水汪汪的眼睛，凝神地听你讲故事。所以一个良好的教师一定要能讲动听的故事。

2. 能编歌谣谜语。作为幼稚园的教师不但要能背诵几十首歌谣谜语，而且要会随着儿童生活中所喜欢的事物编著歌谣谜语，这样才能使教学活动的内容更丰富起来。

3. 能画图。会画图也是很重要的教学技术。如讲故事、研究各种事物、布置教室等工作，都得应用图画。

4. 能做手工。如纸工、木工、泥工、布工、漆工等。

5. 能唱歌。爱唱歌也是儿童的天性。一个五六个月的孩子就会咿呀咿呀地发出歌声。所以做教师的一定要会唱歌，才能满足儿童的欲望，陶冶儿童的性情。

6. 能奏一种乐器。在城市里面大都以风琴、钢琴为主，如能吹奏口琴以及其他乐器也可以。做幼稚园教师的应以能奏一种乐器为原则。

7. 能种花种菜。要培养儿童的劳动习惯，要启发儿童爱好自然的天性，一定要带领儿童种花种菜。

8. 能玩简单的科学把戏。把戏是儿童很爱好的。科学把戏也能引起儿童的兴趣。在幼稚园的教学活动中，可以玩简单的科学把戏，以提高儿童的科学兴趣，启发儿童的科学思想，进而培养爱科学的品德。

9. 能布置教室。所谓布置教室并不是仅仅在墙上挂几幅画而已，必须配合教学单元，布置适当的教学环境，当然所布置的地方也不局限于教室。要能利用自然物，把活的东西布置起来，才显得出生气，才富有教育意义。

10. 能做点心和烧菜。儿童是爱好吃的，做教师的可以结合教学单元领导儿童做点心做菜，既可以增加儿童的兴趣，又可以丰富教学的内容，增加儿童实践的知识。

11. 能做初步的急救工作。在幼稚园里面常会发生意外的事情，教师一定要有初步急救的技能，以免手忙脚乱，发生更大的事故，使儿童受到意外的损害。

三、优良品质方面

(一)对人

1. 和蔼可亲。对于一个满面笑容的教师,大家都会喜欢。如果成天板着一副面孔,要跟他人建立良好的关系就不太容易。

2. 不发脾气。发脾气不但对于自己的健康有损害,而且给他人极坏的印象,所以对人对事最好以不发脾气为原则。如果他人有不正当的行为,可以平心静气地说服他、教育他。

3. 帮助别人。帮助别人是发挥阶级友爱的一种表现,如果别人有什么困难问题,应该尽自己的能力去帮助他。

(二)对自己

1. 能掌握自我批评的武器。一个人能够随时批评自己,才能继续不断地进步。尤其是在旧社会中成长的知识分子,受旧社会的遗毒很深,如果不能掌握自我批评的武器,不求改进,那么他将无法适应新时代,也不能对新社会有更大的贡献。所以做教师的一定要掌握这个武器,加紧改造自己,使自己很快地成为一个新型的知识分子,成为一个优良的教师。

2. 不自私。一定要排除"自私"的意识,才能助长一个团体以及国家、社会的发展。

3. 注意健康。健全的身体是一个人做人做事做学问的基础,所以做教师的要时时刻刻注意心身两方面的健康。

(三)对儿童

1. 热爱。一个热爱儿童的教师,他是会全心全意地为儿童谋幸福,继续不断地改进自己的工作的。反之,一个不热爱儿童的教师,他是不会时时刻刻想到应该如何指导儿童生活,如何使儿童得到更合理的教养的。所以热爱儿童,是做一个优良教师的起码条件。

2. 公平。公平地对待儿童,将使教师在儿童心目中建立很好的威信。如果教师不能公平地处置日常生活上的某些问题或是对儿童有所偏爱,便将失去威信,同时又会影响儿童心理的发展。所以教师对待儿童，不但要热爱，而且态度要公平。

（四）对同事必须合作

一个人所能想到的，所能做到的，是很有限的。如果跟他人合作做一件事，成就一定更大。做教师的如果跟同事共同编制教材，商讨问题，交流教学经验，丰富教学内容，这是求取进步的一种方式。反之，如果关门自守，坚持成见，他将无法求得进步。

（五）对工作

1. 有高度热情。米丘林、巴甫洛夫等科学家，他们是如此地热爱着自己的祖国，酷爱着自己的工作，能够以百折不挠艰苦卓绝的精神，来实现自己的理想。一个优良的教师一定要具有高度的工作热情，继续不断地改进自己的业务，全心全意为儿童谋幸福。

2. 富有创造性。中国的幼稚教育可说是一块处女地，正等着千千万万从事于幼教工作的人去开拓，举凡设施、教学、教材……都需要全体幼教工作人员创造、实验、推广，使幼稚教育在中国开放出鲜艳的花朵，结成甜美的果实，为祖国新生的一代开拓一块辽阔而美丽的园地。

3. 决不灰心。做教师的应该拿"决不灰心"这四个字作为座右铭。如果在工作当中遭遇到任何困难，便可以拿这四个字来鼓舞情绪，振作精神，努力克服困难，达到目的，实现自己的理想。

（六）对学问要做到"学习，学习，再学习"

学习在个人生活中的重要是无庸申述的，尤其是在今天人民解放事业已经得到伟大胜利，国家的整个形势改变了；新理论、新事物激起了思想意识、风俗习惯等各方面的改变。为了迎接新时代的到来，为了适应新时代的需要，教师们的学习是非常重要的。目前各级学校教师已自动自觉地组织学习小组：一方面学习政治理论，学习马列主义、毛泽东思想，改变旧的观点、立场，树立革命的人生观，建立为人民服务的思想；一方面学习业务，研究新理论，实验新方法，交流经验，改进教学，是人民革命伟大胜利所造成的一种新风气。这种新风气使教育事业向前推进。

谁是成功的教师

做教师难，做一个成功的教师更难。但是做教师的，谁不想做一个成功的教师！

我们都知道，教师的工作是直接影响着成千成万的学生，而间接又由这些学生来影响更多的人。教师的影响既如是之大，所以凡是做教师的，谁都应该做一个成功的教师。

一个教师，他整天的跟学生生活在一块，一言一语，一举一动，无形之中，学生都受着莫大的影响。所以有人说，学生是教师的一面镜子，教师的行为习惯，学养人格，都可以在学生们的行为上反映出来。因此，一个教师如果希望学生有好的表现，自己一定先要有好的表现。但是，怎样才能有好的表现呢？又怎么样知道自己的表现是好的呢。

无疑的，我们需要一种量尺。一个教师可以用它来度量自己的成就，量出的结果，就是他成功或失败的最好的标记。而且，我们还可用以作自我检讨，找出自己的优点和缺点。

下面，我提出几种评量教师品格的量表，跟大家讨论。最后为了供给教师在个人方面，职务方面，作一个忠实的自我检讨起见；作者更提出美国最近的一种教师自我评量的量表。

一、笼统的评量方式

三十年前欧美各国大都应用着这种方式。其内容都是根据各个教育家的意见，将教师应有的品格，分为普通的和特殊的二大类：（可参阅罗廷光所著之教学近记）

（1）普通的品格

分健康、仪表、声音、辞令、机敏、同情心、合作心、热心负责、诚恳忠实、进取精神十项。

（2）特殊的品格

教师除具备普通的品格之外，各级教师还应该具有特殊的品格。幼稚园教师应该具备何种品格呢？依柏格莱（Bagley）和堪斯（Keith）的意见，有下列四项。

a. 对于琐细事件的兴趣

b. 对于各儿童的兴趣

c. 明慧的忍耐心

d. 清晰的头脑及和蔼的性情

又小学教师应该具备何种品格呢？阿尔麦克（Almack）和兰格（Lang）曾经根据业务分析的原理来拟订：像：参考书、图书馆书目、书报指南等用法，普通学校所用教材的资料，朗读与语调悦耳正确，能奏一种乐器或歌曲，共廿条。

二氏又列举了小学教师应有的知识、技能和道德的标准：

a. 知识——读法、语言、拼法、算术、史地、公民、卫生、书法、体育、科学初步、音乐

b. 技能——注册保管，制作报告，指导游戏，监护儿童行为等

c. 道德——合作、热心、守正、坚忍、振作等

二、计分的评量方式

计分式的评量表也是廿五年前所采用的，内分四大项：（1）教室管理共一五五分。（2）仪容言动，共一九二分。（3）教材及教法共五二一分。（4）学生反应共一三二分，总计一千分。（可参阅孙

邦正编著之教育视导大纲）。

第一项，教室管理，下分上课下课，进出教室，空气、坐次、课内秩序等八小项。

第二项，仪容言动，内分态度、举动、体格、衣履、语言等八小项。

第三项，教材及教法，内分组织、复习旧课、指定工作、矫正、活动等十小项。

第四项，学生反应，内分兴趣、发问、反应三小项。

每一小项内，又分若干条，像上课下课这一小项内，共分三条，a. 遵守时间，九分。b. 迟到或早退三分钟以上，六分。c. 不依时间，三分。评量的时候，可以逐条记分，然后将各项总分相加，就可以看出这位教师的教学的效率是不是很高。

三、自我检讨的评量方式

检讨式的评量方式，是美国一位教育工作者芬纳（M. S. Fenner）所拟订的。我已经将它全部翻译出来了。教师可以用来自我检查，对于自己的身体、言行、生活、工作各方面，都可以自问自答的评量出自己是否是一个成功的教师。

a. 我的仪容

1. 我的仪容已尽我所能使我感到可爱吗？
2. 我好好地整饬，使头发清洁，双手及指甲经常清洁吗？
3. 我的牙齿及口腔气味表示饮食适当和口腔卫生吗？
4. 我保持直立的姿势，而不依靠书桌吗？
5. 我的头部正直，两肩向后，胸部凸出，足趾支持体重，两臂及两腿舒适地摆动，显得风度优美吗？
6. 我避免坐立不定和用手指旋转铅笔等癖性吗？

b. 我的康健

1. 我具有由康健而产生的充沛的体力吗？

2. 我的卫生习惯是合理的和规律的吗？我得到充足的新鲜空气和阳光吗？我有适当的饮食习惯吗？我适当地休息和锻炼体格吗？

3. 我免除健康上的缺陷和可以医疗的慢性疾患吗？

4. 我戒除有害健康的习惯吗？

5. 我能控制我的神经，而不在事后作不负责的推托吗？

6. 我能常年保持有余的精力，而不致发展成慢性的疲劳吗？

7. 我心情愉快，容光焕发，显示心理上和精神上的健康吗？

c. 我的谈话

1. 在公开场合或私人谈话中，我的谈话能予人以良好的印象吗？

2. 在轮到我说话时，我不垄断他人的谈话时间吗？

3. 我曾察听自己的声音，知道确是悦耳的吗？

4. 假如我有了语音的缺陷如：发音含糊、鼻音、或音节不清等等，我有过适当的矫正吗？

5. 我说得相当地慢吗？

6. 我每天练习，以期养成清澈的发音和清晰的语音吗？

7. 我常常在增加我的字汇吗？对于发音尚不确知的字，我查阅字典吗？

8. 我经常注意改进我的国语，使之值得作为学生的模范吗？

d. 我的待人

1. 即使是在别人嘲笑我的时候，我仍能保持幽默感吗？我常常笑，而笑得颇有风趣吗？

2. 我对人讲话委婉而和悦，不过分地率直吗？

3. 我遇致怒之事，仍能保持心平气和，以免自己的感情受伤，而得批评和建议的益处吗？

4. 我从从容容地和他人会晤，正视对方的眼睛吗？

5. 我在宴会时有良好的礼貌吗？

6. 我所写的信富有趣味吗？

7. 我抑制自己，不过分用"我"字吗？

8. 我能充分地报道时事、音乐、文字、运动，以及其他方面的情形，不使我的谈话只限于"本行的事"吗？

e. 我的职业

1. 我是一个本地教育会，省教育会及全国教育会的会员吗？

2. 我从专门的阅读、联合会、暑期学校、旅行等等来充实我的教学吗？

3. 我已研究过遵守我的职业的道德规律吗？

4. 我能体味教师职业的重要性，并且熟知它的历史吗？我宁愿教书而不愿做其他的事情吗？

5. 由于自我检讨，指导员的建议，或应用新法实验，我曾发现我的教学弱点，并且努力克服吗？

6. 我曾将我的教课经验撰文发表吗？

7. 我至少用薪水的百分之一来购买经过选择的书籍吗？

8. 在人类福利方面，我至少选择一个重要的范围而作一个忠诚的研究者吗？

f. 我的学生

1. 我像对待朋友一样地和学生相处，并且建立了相互了解，信任和尊敬吗？

2. 我对每一个学生有真诚的兴趣，使他们感到公平无私吗？

3. 学生有机会和我讨论编级及其他的问题吗？

4. 我的教课是否有良好而有效的计划，使学生们都能真正地学习？学生喜欢我的课吗？

5. 学生对所教的课和指定的课业，觉得清楚理解吗？

6. 我利用有兴趣的班级活动,来获得良好的秩序,且使每个学习者都作相当的贡献,而非由于勉强服从吗?

7. 对于学习有困难的儿童们,我在课外给以指导,而不引起全班注意他们的行为吗?

8. 我的教室整齐清洁吗?对于我的学生们是一个可爱的儿童之家吗?

g. 我的同事

1. 我对于同事们的友谊良好吗?

2. 我和同学们、学校行政当局和教育局合作吗?

3. 我对于教室以外的事,如餐厅和运动场的监护等等,尽了我应尽的责任吗?

4. 我有庆贺同事们职务上的成功雅量吗?

5. 我按时地和准确地撰写报告和记录吗?

6. 我认为教师会议是一个学习的机会吗?

7. 我把决不诽谤同事这件事作为一个永久的规约吗?

8. 我能改变我的计划来配合他人的计划吗?

9. 我忠于我所参加的职业团体,并且将它的利益置于自己的利益之上吗?

10. 我履行诺言及义务能够使人信赖吗?

h. 我的社会生活

1. 我是一个好邻居吗?

2. 我是真正的住在这里,还是做一个流动的教师,兴趣和活动均集中在外面呢?

3. 我参加社会活动吗?我投选举票吗?

4. 我访问学生的家庭,俾能明了他们的背景和需要吗?我向父母们表示我对他们的孩子真诚地感到兴趣吗?

5. 我是父母教师联谊会的活动分子吗?

6. 我所教的课业和社会生活相配合,使之变成活的教学吗?

7. 我的社会的及道德的标准与我的职业相称吗？我在校外择交谨慎吗？

8. 我重视本地的风俗吗？

以上三种方式，我们可以来讨论一下，到底哪一种方式最好，最合用。第一种方式，我觉得太笼统，也不太具体，所以教师评量的时候，似乎得不到一个正确的答复。第二种方式可以说是给视导人员应用的，仅限于教师在教学的时候，逐项的评量，记载分数，而对于教师的人品学识各方面，都没有列举出来，所以第二种方式，只能用来评量教师的教学效率。第三种方式，是美国评量教师的一种，而这一种方式比较来得具体，内容也较详尽。就是日常生活最细微的小事件，也都列举出来了。所以每一个教师，可以依照里面的问题，在每一个星期里，或每一个月里，自己反省一次，然后在问题后面，作上一个记号，表示自己是否做到。不过，这一个量表的内容，还不能完全适合于中国教师应用，我希望以后能够加以修正，加以补充，拟订一个比较完善的评量表，给中国的教师应用。

第二章
认识幼稚教育

为什么要办幼稚园

幼稚教育,是一切教育的基础,因为它的对象早于学龄儿童。它的功用,正如培植苗木,实在关系于儿童终身的事业与幸福,推而广之,关系于国家社会。现在分条来说明。

一、儿童

在幼稚教育期内的儿童,通常是4岁到6岁,现在也有人来试教3岁的儿童。这个时期的儿童在不设幼稚园以前,大都整天在家里玩,常常去麻烦父母。从前人们对于这个时期的儿童往往轻视(现在大多数人的见解还是如此),甚至于当做赘疣的。这都是因为不了解儿童在这时期最重要,儿童在这时期里最可教的缘故。所以倘若能够明了这个时期的儿童心理与生理状况,对于所以要办幼稚园的理由,就可以思过其半。我们来看看这个时期儿童的特征如何呢?

(一)好群

儿童从小喜欢有伴侣的,出生4个月的儿童就要有人陪他,倘若让他独自睡在床上,没有人坐在旁边,他就要哭的。年龄一天一天地大起来,好群的欲望也一天一天地增长起来,到了3岁,日常的言语能说了,普通的游戏也能玩了,那时候要求同伴的欲望更大了。家里的兄弟姊妹固然是他的好伴侣,邻人的子女也互相招呼去玩。但是环境有限,哪里能满足他的欲望呢?幼稚园就是适应这个需要,在一定的处所招收许多差不多同年岁的儿童,供给他们种种有教育价值的环境,使儿童得在适宜的环境之中,充分地与同伴接触,以发展他们的好群的特点。

（二）好玩

儿童生来是好动的，几个月的婴儿，就能在床上不停地动，这就是好玩的表现。儿童到了初学步的时候，教步的成人，有时已经觉得疲倦了，但他还是忽起、忽立、忽走地运动。儿童会立以后，他就多方想法子来玩，不懂教育的父母就非常厌烦。其实儿童好玩是一件好事情，可以增进许多知识，可以学到许多技能，并且对身体的发育也有极大的益处。所以稍有教育知识的父母，就应设法替子女制备玩具。但是家庭的经济有限，环境也受到种种限制，势难充分地发展儿童好游戏的本能。就是经济上可以替儿童置备许多玩具，又可以替他特设环境，但是同伴的缺乏，还是不能解决的。所以要充分地发展儿童好玩的本能，非有幼稚教育不可。

（三）可教

幼稚教育时期的儿童是好玩的，哪里知道他非但好玩，并且是可教的。中国古语说："孺子可教也。"这句话虽然不专指教这个时期的儿童，但是这时期的儿童，确实比任何时期的儿童容易受教，儿童从2岁到6岁，所学的事情，倘若把它统计起来，实在可惊，可以说终身使用的基本材料和工具，都在这时期里学得的。例如日常语言，人生需要的动作、习惯道德等，大部分都在这时期里养成。儿童容易学习的事例很多，就以学习言语一事来说，我们成人学习一种方言，有时学了五六年，还是不会的，五六岁的儿童，不要半年，就可以学成一种方言，这种容易学习的能力，在心理学上称为可塑性。在教育学上称为可教性，我现在举一个例子来说明儿童之可教性。美国有一位母亲是一个很有学问的女子，她对孩子从小就用种种方法来施教。孩子到了8岁居然能说八国语言，能打网球、骑自行车等，后来长大了，对于文学音乐都有很大的成就。追源起来，就是因为有一个好的基础。我敢相信，凡是儿童都可教的（除去生理上有残疾的），都可以教成为有成就的人。不过教的方法，和寻常教育不同，应该要有特殊的研究。

以上三点是儿童心理与幼稚教育相关的最重要之点，其余尚有

好奇、模仿,也都是与幼稚教育有密切关系的。(请参看拙著《家庭教育与儿童心理之研究》第二章)

二、对于儿童之需要

儿童之需要甚多,总括起来是"发展个性"。个性如何能发展呢?是否独往独来可以尽量发展呢?是否年岁长大起来自然就可以逐渐发展,无需藉外力之启发呢?我们知道像鲁滨逊的孤居荒岛个性必难得到充分发展的,所以教育上就有许多问题值得研究,分析起来可以得出三点。

1. 身体。培养成一个身体健全的人,学得种种技能,这种工作大都要有完美的设备,布置成一个很好的环境,使儿童眼之所见,手足之所接触,耳之所闻,都很能依照他的个性去活动,教师只要从旁指导,就能引起儿童个性之所好,所以幼稚教育应注重设备。

2. 智力。人类进步一天快似一天,同时因为"生也有涯,知也无涯",所以对于各种知识的获得,能够提早一天,就应该极力设法来提早。从前人们都以小学时期为正式开始学习各种知识的时期,现在我们知道幼稚教育时期,也着实可以学习,我们虽然不敢希望凡是幼稚生都像小学生那样受教,但是据各方的经验看来,幼稚教育至少可以帮助学习小学一年或二年课程的一部分,如自然、语言、图画、常识等。在幼稚园里都可以教的。

3. 德性。儿童在家里所接触的人不多,有许多家庭因为过分宠爱,孩子到了七八岁还是唯我独尊,毫不知做人的道德。要培养德性,非把儿童放在人群中不可。幼稚园虽然不是大的人群,但是,对四五岁的儿童来说,确是一个适宜的人群了,可以在这个人群中养成许多人类社会的德性。

三、对于家庭

一切教育,没有再比幼稚教育更与家庭有密切的关系了。幼稚生是初离母亲的怀抱,父母爱护之忱正是浓厚;加以在家中的时间较多,倘若不和家庭去合作,成效必少,这是幼稚园要借助于家庭之处。至于幼稚园有益于家庭之点那就很多了,简单地说几条如下。

1. 节省时间。四五岁的儿童在家里是最顽皮的,大人不去理他,他就会闯出许多祸来;若去管他呢,又管不胜管,教不胜教,这是有过子、侄、弟、妹的人都有同样感触的。所以一家有二三个小孩子,父母就苦得不得了,忙得不得了,这时候,倘若有相当处所,可以把儿童送进去,父母一定很欢迎的,因为父母可以分出许多时间来做别的事情了。

2. 节省精力。父母都有相当的职务,断不能把全副精力用于几个儿女身上。况且教儿童也非随便教的,需要花费许多精力的。寻常父母都不能有充分的时间和精力去做这种工作,而幼稚园就可以帮助家庭来做教育儿童的工作,至少可以帮助一部分。不过有一点要注意,就是所谓帮助一部分,就是说,儿童进了幼稚园,不是一切教育责任都由幼稚园担负,这点在社会上产生误会的人很多。

3. 补充家庭教育之不足。父母即使有了充分的时间与精力去教育儿女,也需有幼稚教育。例如,上面说过的儿童好群的特性,要想有充分的发展非有众多的同伴不可,这点在家庭里是办不到的。此外,倘若父母缺乏时间、精力、学识及经验者,尤其需要幼稚教育的帮助,又如儿童都喜欢发问题的,寻常父母遇到儿女有麻烦的问题,总说"走开去,不要来讨厌",在幼稚园里这类情形就可以减少许多,儿童可以从老师那里得到许多知识,所以我们非常相信幼稚教育可以补充家庭教育之不足。

四、对于国家

幼稚园里有公民训练的一种课程，就是培养将来做公民的基础，因此可以养成种种合作的精神，爱护团体、爱护国家的精神。同时又可以培养公民应有的知识与技能，砌成一个稳固的公民基础。

五、对于小学

幼稚园对于小学的关系，比上述数项来得轻些。不过儿童有了很好的基础，进小学去，照理论上说来，比没有进过幼稚园的来得好，可惜我们现在还没有统计的事实来证明这一点。我们倘若能认定几所小学校，把它们的学生成绩测验一下，看看进过幼稚园的儿童，究竟比没有进过幼稚园的儿童好多少？这样不是对于幼稚教育的改进有好处吗？

总之，幼稚教育之关系甚大，所以需慎重办理。以儿童个人而论，这步教育不善，终身受影响，就是改正过来，也要费九牛二虎之力。我们大家都知道学习的开始是很重要的，正如同一出发点，可以向东，也可以向西，初时不注意，竟会闹成南辕北辙的，那岂不是比不学都坏吗？从前有一位音乐教师，在招生广告上说："凡没有学过琴的学费每小时一元，学过琴的每小时二元。"有人问他理由何在，他说："没有学过的人，只要从头教起就好，倘若学过的人，还要做一步改换旧习的工作，这更费事，比初教还不容易。"所以幼稚教育办得好，小学教育就容易办得多了，幼稚生教得好，小学生就容易教了，这样说来，幼稚教育，实是小学教育的基础。

幼稚教育之目标

儿童、教材和教师是教育上的三大要素。三者的关系，儿童是主体，教师度量儿童的能力与个性，用种种最适宜的方法，把教材介绍给儿童。换言之，先测量儿童的个性，希望他们达到怎样的目的，然后选择最适宜的材料，使用最适宜的方法，以达到所希望的目的。现在我们用图来表示三者互相的关系：

照图的意义说来，儿童还是教育的主体，课程与方法都是达到目的的工具，所以谈教育，第一应当解释目的。若问，幼稚教育的目的怎样呢？据我看来，至少有四大目的：

一、做怎样的人

这条是关于道德和群育的。照伦理学上说来，做人的标准很严格，所分的细目也很琐碎。我们不愿意再蹈从前小学里修身科的故辙，不应该有繁文缛节的细说，只要有几个大目标就够了。

1. 合作的精神。这种精神从大的方面说来，是人类所以战胜万物的根本要素，确是人生最重要的道德。我们不能希望幼稚生完全达到，因为这时期儿童并没有大的合作能力。但是我们在极细微的地方，也可以训练的。例如，做团体游戏可以训练此种精神。又如玩积木，小号积木一人可以放在桌上玩，至于大号积木，必须大家合起来玩，这样也可以训练合作的精神，虽然有许多学者反对能力的转移，认为是不可能的，但是我们倘能处处注意培养这种习惯，将来就是习惯的应用了，似乎并不矛盾。

2. 同情心。同情心是人类的特性，所以闻其声不忍食其肉，见无告之民而生恻隐之心等，都是同情一事之功。但是以现在社会的恶德张扬，此心渐泯。幼稚生在社会上之日尚少，急宜训练此种美德，以奠定其坚固之基础。

3. 服务的精神。人哪个无自私？所以我们对于"私"不能厚非。但是人类一天进步一天，"私"字的范围也应该一天扩大一天，起初是个人，渐进而为同居一室，更进而为同乡、同邑，更进而为同业，更进而为全社会、全国到全人类。我们抛开哲学来谈事实，社会上倘若都是为个人的人，我敢说没有文明的进步。对于他自己也很难有进步的希望。服务的精神，从小应该训练的。例如，组织幼童子军，儿童就能格外替他人做事。此外，做人的道德当然还有很多，如谦让、诚实、有礼貌等，也应该培养的。

二、应该有怎样的身体

我们希望儿童有很强健的体格，首先应训练儿童养成各种达到强健体格的习惯。可以分三层来说。

1. 健康的体格。要培养儿童有健康的体格，是一件很不容易的事，成人几乎要时刻留心，例如运动、饮食、衣服等，都应该合乎卫生要求。幼稚园也应该负相当的责任去指导家庭，而幼稚园最应注意的是玩具与本园的各种设备，使它们既能引起儿童好动的心理，又能时时刻刻注意卫生条件。

2. 卫生习惯。要培养儿童体格的健康，成人应该有良好的指导，其中养成儿童卫生习惯，尤为重要。幼稚生因能力关系，当然不能要求过高，下列数项是可实行的：好清洁的观念，洗脸、刷牙、吃东西以前洗手，每晨大便，随身带清洁的手巾等习惯，幼稚生都可做到的。

3. 技能。要身体健康，必须有相当运动的技能。中国旧式家庭养小孩，怕风怕雨，不让孩子出门去玩，弄得孩子像个半截木偶，何等可怜。在幼稚园里的儿童，对于人生必须的几种基本动作，都应该养成。例如，跑步、跳跃、爬高、掷物、骑脚踏车、雪车、打秋千、溜滑梯等，一方面培养儿童各种技能，另一方面又能培养勇敢精神，使他们稍踏危境而不惧。且荡秋千等动作，对于避免晕船还有几分帮助，那么又有其他的功用了。

三、应该怎样开发儿童的智力

智力和知识很有分别的。旧教育是注重于知识的注入，弄得儿童成了装件的器皿，把知识一件一件地装进去。新教育就是要在知识以外加上智力的开发。从范围说起来，智力和知识是有交叉的两个圆，但是智力的圆比知识的圆要大得多了，同时也可以说，知识是以成人为主体的，智力是以儿童为主体的，智力上的能力是活的，积累许多知识是死的。我们培养幼稚生应该具备哪些智力上的能力呢？

1. 有研究的态度。儿童的好发问，几乎可以说是天性，而成人往往不愿意向他们说明，同他们去研究，有时还要用强烈的手段去禁止儿童发问，致使儿童好发问的态度，被消泯无迹，这是何等可叹的事情。幼稚生因为种种能力的限制，所以谈不上像大学问家那样地研究，但是日常事物的穷究，也着实够了。例如，日常的食品，油盐酱醋的成因，花草虫鱼鸟兽的考察，都是很容易办得到的，教师也应该教他们的。不过这里有一个最困难之点，就是教师要知识丰富，幼稚教师确是不容易做到。

2. 有充分的知识。蒙台梭利的方法，是以训练儿童的感觉为幼稚园的惟一课程，这是谬误的观念。我们对于幼稚生虽然要使他们感觉敏锐，同时也应该使他们有丰富的知识，使他们经验丰富。幼小儿童是富于想象的，但是想象的根据是经验，没有经验就不会有想象的。只要使幼稚生有机会接触自然界和社会，并好好指导他们，就可以使他们有丰富的知识。各种经验都是直接得来的，所以还要使他们有获得经验之工具和技能。例如，看图画、识字等，也应该培养这方面的技能。

3. 有表意的能力。前两项都是受纳的一方面，这是表现个人之所感。成人对于心有所感必从许多途径表现出来。能文者，作为诗歌；能绘画者，绘成图画，其他如工艺、音乐、雕刻、言语等无一不为表现个人感想之工具。幼稚生因生理上之限制，当然达不到这种地步，但是简单的语言，叙述简单的故事，画简单的图画，做简单的手工，还是可以做得到的。这类发表的能力，都是可以逐渐训练成功的。

四、怎样培养情绪

儿童发脾气，作娇，惧怕蛇、狗等，大概诸位都看到过，这就是儿童情绪的表现。在普通的家庭里，不是弄得儿童像霸王，就是弄得儿童终日哭泣，或者见到什么都生怕，不能离开母亲一步，对于儿童都是"爱之适以害之"的。幼稚园至少应该从以下三方面来培养儿童。

1. 欣赏。欣赏的东西很多，如自然界之美，山川之幽秀，建筑之雄伟，但这些对幼稚生似乎都还早些，而悦耳的音乐，儿童画，音调顺口的儿歌，可以玩赏的艺术品，幼稚生都能欣赏的。我们大家都感觉到我国国民之缺少欣赏能力，尤其是音乐，雅歌妙舞，几乎成为少数人的专利品，普通人很难领略，这是一个大缺点。我们应该极力设法改变的，首先应在幼稚园里大力提倡，这是不难办到的。只有诗歌一层比较难些，要想搜集合乎幼稚生的诗歌，是一件很不容易的事。

2. 快乐。我们的教育不能使儿童感到快乐，也是失败之一。所谓快乐，不是用糖包药丸的方法，使儿童暂时感到快乐，我们希望儿童养成欢天喜地的快乐精神。教师的人格感化，笑口常开，和蔼可亲，这固然要紧，此外在一切教导上，都应合乎儿童的需要，采取循循善诱的方法，并不是拿了物件，硬装进去的。硬装的方法，就会造成使儿童厌恶一切的后果。例如，读书是一件很有趣的事，教的得法，可以使儿童终身喜欢读书的，但是大多数的儿童不欢喜读书，这都因为教师强迫儿童的缘故，有了这样不好的习惯，可以说是人生最大的不幸。

3. 打消惧怕。儿童生来所怕的东西不多，惧怕大都是后天养成的。家庭教育之不良，周围邻居之恶劣影响，于是慢慢养成了种种惧怕的习惯，如怕黑暗，怕蚯蚓，怕狗，怕猫，怕昆虫等，都是对于人生有很多不便的影响。幼稚园教师应该常常带儿童去接触万事万物，如捉昆虫、与猫狗玩耍等，又如常带儿童登高、溜滑梯等，这些都是消灭惧怕情绪的好方法。我们常常看到初入幼稚园的儿童，见到什么都怕，过了一些时候，能渐渐地去接近惧怕的东西，教师倘能处处注意，必能把儿童已养成的惧怕情绪打消。这种经验，幼稚教师都有。总之，我们最好是不给儿童有些许惧怕情绪的机会，但是这步工作大部分要家长努力，若家庭教育不良，儿童已养成了许多不良习惯，那么只好由幼稚园来担负消泯惧怕情绪的工作了。

幼稚教育之原则

教育原则之依时代而变，或因几位教育哲学家之学说而变，在教育史上都可以找到。最近的教育思潮是注重实验，这是从美国实验主义派的哲学来的，杜威①、弥勒②等主张得最有力。这个思潮，影响到各种教育，使各种教育的各个方面都起了变化。其实从实验所得的结果来看，实验主义确实比较来得适用。幼稚教育是各种教育中之一种，当然也应该依着实验的精神去研究。但是幼稚教育太不能引起世人的注意了。据我所知，所有的教育原则都是东鳞西爪，很少有全面研究。现在我把几年来的经验，和东西摘集的原则，写几条出来，其中次序之先后，并未注意编排，实在也不必编排，大家可以自己认定哪条最为重要。

一、丰富儿童的经验

教育目的中有一条是丰富儿童的经验。一个无知识的人，如何经过几年的教育能够使他成为有知识，这是教育上的大问题。虽然我们还没有完全解决这个问题，但是我们已经得着一句最简括的话："经

---

① 杜威（John Dewey，1859～1952），美国哲学家、心理学家和教育家。曾在密执安、明尼苏达、芝加哥、哥伦比亚等大学任教。在哲学上是实用主义的观点，试图把实用主义哲学同心理学、教育学、伦理学以及社会问题结合起来。在教育上主张"教育即生活"、"学校即社会"，教育方法应根据"从做中学"的原理，以儿童活动为中心。他在1919～1921年间曾来中国，他的学说在旧中国有一定影响。主要著作有《我的教育信条》《明日之学校》《民主主义与教育》《经验和教育》。

② 弥勒（I. E. Miller），美国心理学家。主要著作有《人生教育》。

验是知识之门。"初学步的儿童，不知玩物距离他的远近，他总是伸手去抓，抓了几次空，方才知道是抓不着的。孩子初见到火，又红又亮，以为是很好玩的，用手去拿，不料手皮灼痛了，以后他就知道这红而又亮的火是烫的。我们说了几次冰是冷的，雪碰到火要融化的，也很难使儿童明了，非到他玩了冰雪才知道。诸如此类的例子很多很多，幼稚园的作业（包括一切活动），就应该本着丰富儿童的经验去做。寻常走圆圈的活动是否有什么意义？还是带儿童到外面去跑去玩好呢？这都是不言而喻的。不过我们实行这条原则的时候，要留心一事，儿童吸取经验是不分美恶的，有时候还是恶的方面容易吸收。分别美恶，使儿童多有美的经验，少有恶的经验，这是教育者的责任了。

怎样使儿童有经验呢？有两种方法。

1. 直接的。一切经验都是儿童亲身力行得来的，例如蚕丝，要儿童明了其来源与蚕吐丝的整个过程，最好亲自来养蚕。这一条，就是自动的原则。教育者无论如何不能代替儿童做事，也无论如何不能完全用抽象的概念来施教。

2. 间接的。不能直接得到的经验，如虎、狼等，在小地方看不到，又怎样呢？这类经验在人生生活里也占重要地位，考源它们的来由，大都由间接来的。例如，教虎、狼等，不能用实物，就用很逼真的图画来代替。不过这样教法，在幼稚园里应当减少到最小限度。

二、有用的动作

人生的基本动作有多少？幼稚生应该学哪几种最有用的动作？现在还没有人能回答。只有"在教育上的动作，是要件件都有目的的"一语。对这问题分析得比较详细的要算克尔帕屈克（Kilpatrick）[①]。

[①] 克尔帕屈克（W. H. Kilpatrick，1871~1965），现译为基尔帕特里克。美国教育家。曾任美国哥伦比亚大学师范学院教育哲学教授。1917年到中国讲学，他的设计教学法当时曾在中国一些中小学流行。主要著作有《设计教学法》《教育哲学》等。

根据他的分析，有三条动作的原则，或者可以作为评判价值之一助。

1. 是否能引起儿童全副精神的？有几种动作儿童是不能集中他的注意力的，例如，幼稚生的折纸手工、走朝会圈等，这种动作不是中途而舍，就是随大众而动。但是有几种动作能使儿童孜孜不倦地去做，例如，迎龙灯、放鹞子等，没有一个儿童不兴高采烈地去做的。我们可以说这类动作有教育价值，前类动作没有什么教育价值。

严格地说，没有一种动作完全不能引起儿童的兴趣的，除非他完全不能做；同时也没有一种动作能使个个儿童都兴高采烈地去做。这都是哲学上的声辩，在教育上是要以大多数为标准的。现在很有一派心理学家主张努力在前，兴味在后。在实验室里，我们不能否认，但是在幼稚生时期的儿童，在他没有感到兴味以前，是不容易努力去做的，这是有经验的教师都有此体会的。

2. 做了以后能否得着有价值的结果？此地所谓有价值在积极方面指对于儿童身心有益而言；在消极方面指无害于身体，不致养成恶习惯与恶观念而言。例如旅行去采集标本是好的动作，摘取公园里的花果就不好了；玩竹刀木剑是好的动作，拿来做杀人的样子就不好了；吹肥皂泡是好的，但是不能行之于幼稚园；室内运动无论如何不及室外运动。其他以金钱赌博的游戏，会养成恶习，都不应该教。至于价值发生之久暂，我们可以不考虑，只要这个动作在儿童的时期里是有益就好了。关于这条，我们要防止教育上预备说之弊。

3. 是否可以引起其他有益的动作？这条原则是克氏一生哲学之出发点。我们知道设计教学也是利用一串活动的原则，有时因极平常的一个活动可以引起人生最有用的一大串活动来，合成一个设计。因甲种动作能引起乙种、丙种……动作来是这条原则的一个解释。其次是因某种动作里的几个重要元素，能影响到别种动作，因此可以有益于人生，这又是一个解释。例如荡秋千可以训练坐船的能力，沙盘游戏、蹴球等动作的元素都能引用到别种动作上去。又如织纸手工不如穿线或织线，其中虽然因为织成纸纹不如穿成线形有趣，织纸不如穿线容易，其实穿线的动作格外合于实际也是主要原因。蒙台梭利很注重感觉，这样主张是否适宜于常态的儿童，是很值得研究的。发达感觉固然要紧，但是偏重这方面，疏忽儿童自发的动作，也是不应该的。关于这条，千万不要以为能力是可以转移的，不然，古人的读拉丁希腊文可以训练心力的谬说要应用于幼稚园里了。

三、完美的环境

环境的作用是直接或间接引起儿童优良的动作的，这于第一章里已略略地谈到。幼稚园的环境最主要的是教师和四周的物件，所以我们应该向这两方面去着想。

1. 教师。幼稚生所接触的人，除父母以外，只有教师是他们最有力的指导者。他们对于这两种人的一切言行服色，都直接或间接地模仿。所以教师不能随便任性胡行的。如何能算得是优良教师？应该有几多学问？有怎样的人格？以后有专章来讨论。不过幼稚园教师之重要，在一切设备之上。倘能得着优良教师，就能"事半功倍"。

2. 设备。幼稚园不是学校，也不是寺院教堂，乃是培植小孩子的园地，也就是扩大的家庭。有了这个原则，我们就知道一切设备可以仿照家庭的去做，不必有学校的式样，也不必使儿童知道这是一所与家庭不同的处所。所有的玩具，不必仿照哪一个外国大教育家的第几种"恩物"去做，只要把普通家庭和社会所有的玩具、用具改良仿造，也就够用了。不过我们办教育的应该有相当的教育目标，例如在中国应该提倡爱国精神、尚武精神、美术化等。家庭化是幼稚园的大目标，同时把种种应该有的精神也包含在内，这就是布置环境的原则。

3. 适宜的教材。选择幼稚园教材的原则，至少有三条。

（1）合于本国国情的。关于这条前章已略略说过。无论如何我们要用本国的材料,是本国的出品。例如选取诗歌,我国古诗合于儿童经验的确实很少,但是童谣、儿歌,各省很多,其中大半是儿童口吻,我们能够加一步删改取舍的工作,不是很好的教材吗?又如音乐的器具,钢琴、留声机,确实很能启发儿童爱好音乐,养成欣赏音乐的观念,但是我国固有的乐器,如琵琶、笙、箫、古琴之类,又何尝没有同样的价值呢?可惜大部分的幼稚师范生不会使用!至于中国的锣、鼓、磬、钵、铃、钟等响器,比外国的不知便利多少,价目也便宜很多,我们为什么不采取呢?中国可用的教材很多,可以改良仿造的也很多,我们应当尽量地收纳。不过有几种教具,在中国没有仿造以前,只得采用外国的。例如蜡笔,商务印书馆所做的细小而脆,不适用,只好采用外国货了。我们要切记采取外国货是万不得已的。某件东西,中国没有,可以省的,就省去,不是外国有了我们也一定要买来的。

(2)能促进思想的发展。福禄贝尔的恩物,有统一性的,从大到小,从粗到细,一切归到整个的圆的上去。在那个时代的教育思潮确是以为这样设备能促进儿童思想的发展。但是我们知道,儿童不是天造的,乃是社会上的一种人,他们的思想是非但不能以宗教的眼光来看待,而且也不能以成人的眼光去看待。商务印书馆做的小积木是成人的玩具,儿童不爱玩,因为太小了。福禄贝尔的恩物,除去一二种大号木块外,其他也没有用的。因为儿童并没有整个统一的观念,不能启发的。市上所见的六面图等,不是幼稚园的玩具,因为太难了,很扫兴的。皮球、积木(大号的)等是好的,因为儿童可以使它有变化,可以想出很多的方法来玩,可以促进思想发展的。

(3)合于卫生。这是最紧要的一个原则。教材不合乎卫生,会直接伤害儿童的身体。例如有锋芒的洋铁刀剑,容易落色的玩具,有毒的物品,它的害处都是显而易见的。又如细小的蜡笔,铅笔,蝇头的小楷字,穿普通缝衣的针眼等等,都是不适于幼稚生的。教育儿童目的之一是希望养成儿童健康的身体。

四、检查体格及智力

有疾病的儿童,学习能力会差些,同时能把疾病传染他人,所以幼稚园收了有疾病的儿童,是很危险的。前天鼓楼幼稚园因为儿童发生流行症,请医生检查身体,哪里知道二十余个儿童除去有病不来园以外,还有六个人是患沙眼的,一个心脏失常的,一个因小的时候营养不良有鸡胸的。这类疾病都会影响学习。有时候教师左教也不对,右教也不对,以为教法不良,哪里知道儿童本身有缺陷,就无法学好,至于智力也有同样的影响。无论体力、智力都应该于入学的时候详细检查,教师可以告知家庭,在园的时候也就可以特别注意了。

五、与家庭合作

一曝十寒是教育上的戒律。幼稚生在园的时候少,在家的时候多,幼稚园虽然用了最好的方法去教,回到家里,一齐搁起,或者有些要求和做法与幼稚园相反,那就糟了。还有儿童遇到有疾病的时候,不能来园(不是不能起床,不过因为防传染而不来园,如伤风等病),这时候幼稚园就应该设法帮助家庭,如送去故事书、读法等材料。告之园中所用的方法,送去教材,一面是直接训练家长,一面是间接教育儿童,所得到的效果也就比单独注重于本园教导要好得多。

六、游戏化的教学法

凡事当做工作做就是痛苦的,当做游戏做就是快活的。成人也是如此,何况以游戏为生活的儿童呢?幼稚园里的课程很容易游戏化,例如教颜色,不必拿出某种颜色,某种色纸,教儿童识别,只要用各种颜色来画图画,把各种颜色带来做禽兽昆虫的游戏,非但可以教颜色,并且可以教自然科呢。福禄贝尔第一种恩物颜色圆球，已经有了游戏性质，但是终不免呆板，又如拾草地上的石子，是一件乏味的工作，据我们试验的结果，儿童很喜欢做，这是什么缘故呢？就是教师用游戏化的教学法，有时让儿童用投壶的方法，把石子放到小车里去；有时让儿童来比赛掷远，把石子掷到场角去；老师拿出照相机来，替他们拍照，大家都高兴地做去了。我相信无论什么工作，都可以化做游戏，这要看教师的能力了。

七、暗示性的教学法

儿童的行为，于无意中模仿家长、教师及其伴侣的地方很多，这种模仿，在成人方面可以设法去利用它。有一次我看到附小有一个儿童，背上系了铃，前面一个儿童用绳拉他，做跑马的游戏，我回家去照样和一鸣做，起初以为他必定欢喜做，哪里知道他大哭，这是出我意料的，我立刻发现其中的缘故，于是把铃系在侄子的背上，跑了几次，一鸣就请求来玩了。开始就是因为我没有用暗示法的缘故。幼稚园里教师若想请学生做某件事情，切勿直接命令，必须转一个弯暗示他愿意去做。譬如，做猫捉老鼠游戏的时候，猫是人人喜做的，老鼠和油氅往往不很愿意做，这时候一个不小心，就会把一个最有趣的游戏，弄得一哄而散。这时教师就应该用暗示法，先把游戏性质说明：活动时偏重于油氅与老鼠，选择选手的时候也要先选老鼠与油氅，然后选猫，因为猫儿童都喜欢做，即或不着重选，被选的儿童也肯去做的。至于怎样去暗示，这要看教师的技术了，在于教师能否活用。

八、精密的辅导

这点最为重要，可惜无论哪方面都没有顾到。这或者因教师与学生的比例数不当，教师太少，照顾不到，譬如画图，一群三五十个儿童，只有一两位教师，当然照顾不到。于是养成儿童种种不良习惯，或者一年半载毫无进步。秀霞进幼稚园已半年了，她还不能画一个人头，比起一鸣来差得很多。有一天我坐在秀霞的旁边教她，不到十分钟，她就能画人头了，辅导的作用多大呀。从前福禄贝尔主张以教师为中心，学生环绕在教师周围，如同母鸡带着小鸡。到了蒙台梭利就主张自动了，教师已站在学生旁边，近年来自由工作的声浪一天高似一天，非常尊重学生个性的发展。这个确实是好现象，但是往往流于放任，让学生自由乱动，这是最不经济的。非但教学上无效果，并且容易养成坏习惯，所以每天每个儿童至少应该受到教师几分钟的个别辅导，方才有真切的益处。据我们近年来试验的结果，幼稚园非有个别指导不可。幼稚生因年龄关系，能力太差，处处要教师从旁指导，以助其成。团体的教学，也有相当的益处，幼稚园里也要参用的，不过最好限于很少的几种活动里，例如团体游戏，小团体的唱歌班等。

九、充分的预备

旧式的教学法，教师预备功夫很多，非但把一切教材预备得详尽无遗，还要编成教案，计划每小时教授的步骤，例如五步教学法等，还替学生找动机呢？这种教学法已过时，不再用，然而追溯创此说之海尔巴脱（Herbart）① 深以为教学非有充分的准备是难取功效的。

十、美术思想

教材的美术化，布置上的美术精神，本身服饰的整洁都是在无

---

① 海尔巴脱（J. F. Herbart, 1776～1841），又译赫尔巴特，德国心理学家，曾结识教育家斐斯塔洛齐，使他产生了研究教育的兴趣。1802～1809 年在哥丁根大学学习，获博士学位，随后在该校任讲师。1809 年接受哥尼斯堡大学的任命，继任康德的哲学讲座，长达 24 年。同时，他还讲授教育学、心理学，并创办实验学校，试验他的教育学说。主要著作有《心理学教科书》（1816）、《心理学应用于教育学的几封信》（1831）等。

意中可以养成儿童爱好美术的观念的。当然不必有艺术家的学识，只要能随地留心而不流于荒诞或怪僻就好。

十一、医药常识

幼稚教师于养护儿童上比任何教师来得重要。幼稚生是娇嫩的，经不起什么波折，所以平日保护方面应该十分注意，一旦遇到不幸，教师尤宜有医生态度——镇静谨慎。同时需有医药上的普通知识，如出血则用止血药，虫咬涂亚摩尼亚水，蜂刺用烟熏等等。又如检验沙眼、病喉、漏鼻等简单手续亦需会的。幼稚师范生能利用暑假到医院里去实习，那可以得到实地的经验。

十二、和蔼可亲

各人有各人的气概，有的如夏日之可畏，有的如冬日之可爱，幼稚教师要像冬日之可爱。凡事要很快乐，少烦恼，多笑容，这样人家看到也就快活，儿童尤其容易感受。教师能在儿童队伍中忘却他自己是教师，而是一个欢天喜地的领袖，同时在家长及社会方面，也能受到乐与为伍的反应。

十三、公允的态度

看到服饰整洁、容貌俊秀、智能高卓的儿童，没有一个人不喜欢，这是教师有偏心的最大原因。其实，教师应该一视同仁，儿童方才能得到时雨普遍的利益。

此外，对于教师的标准很多很多，例如有创造能力、高尚的人格、无嗜好等等，都是。以上十三条不过举其大要。

现今幼稚教育之弊病[①]

幼稚教育在中国究竟发展到什么地步,我没有彻底地调查,不敢妄断。然把我所知道的和所见到的,略略地说出来,以资讨论。

我们中国的幼稚园大抵是抄袭外人的,而外人的幼稚园已时有改进,但我们还是墨守成规,不知改良,以致陈旧腐败不堪闻问了。以我的眼光看来,我们中国普通幼稚园大概有四种弊病。

一、与环境的接触太少,在游戏室的时间太多

小孩子生来是无知无识,没有什么能力的。后来与环境、社会相接触始渐渐地稍有知识,稍有能力了。他与环境和社会相接触的机会愈多,他的知识愈丰富,他的能力也愈充分。倘使我们不给他玩弄沙土,他断不会知道沙土的性质;倘使我们不让他与猫狗等动物相接触,他哪里会知道猫狗等动物的生活;倘使我们不带他到街上去观察人们的生活,他哪里会晓得民生的艰难;倘使他没有别的小孩子做伴侣,他哪里能够学得做人的道理。

有一天,我问一个6岁的小孩子:"你曾看见过松鼠吗?"她说:"看见过的。"我再问她:"有多大?"她举起两手的食指来在空中摆着,两指相距约两寸许,回答说:"这样大。"我说:"你在什么地方看见的?"她说:"在书上。"她就把一本油印的读本拿来给我看,图中那只松鼠画得非驴非马,不像一只松鼠。

你看这个小孩子完全得了一种谬误的观念。她看了这种书上的

[①] 本文原载《新教育》1924年第八卷第二期。

死图，就得了这种谬误观念。要知道图是代表事物的，不能当做事物的。若要教小孩子知道松鼠这样的动物，我们最好带领他到树林中去看活松鼠，次之把松鼠拿了来给小孩看，务使他得到一种正确观念。

总而言之，小孩子的知识是由经验得来的。所接触的环境愈广，所得的知识当然愈多。所以我们要使小孩子与环境有充分的接触。这样说来，我们不应把幼稚园的儿童关在游戏室内，使他们与外界和环境不发生直接的接触。然看看我们中国的幼稚园，幼稚生的生活几乎都是室内的生活。邻近即使有田园有街市，却不领幼稚生到外边去看看，只呆板地天天叫他在一间小房子内生活。虽有幼稚园的教师有时领儿童到外边去游览，但那也是偶一为之而已。我知道有一个幼稚园设在楼上的，儿童所有的地方不过几个房间，像这种幼稚园，我们就称它为"幼稚监狱"也不十分过分。我也知道好几个幼稚园，他们所有的儿童太多，而所有游戏室太小，因此，儿童在游戏时，不是你碰着我，就是我撞着你，所以照我个人眼光看起来，现在幼稚园的弊病，并不在乎没有房间可以游戏，而在乎没有与环境和社会相接触的机会。

二、功课太简单

我们中国的幼稚园几几乎变为"幼稚监狱"，而儿童所有的活动当然不丰富了。普通幼稚园所有的功课，不外图书、玩沙、玩土（黏土）、折纸、团体游戏、唱歌、玩积木等几种。儿童天天总是玩这几样东西，无怪他们的生活是简单了。所以对于课程一方面，我们应当设法竭力扩充的。

三、团体动作太多

儿童的个性不同，我们不能强之以同。他们的年龄常差两三岁的,有6岁的,有5岁的,有4岁的,有时有3岁的;不但他们的年龄有如此不同,他们的动作能力也相差很远的,有的会跑会跳,有的才刚刚会走;不但在年龄上、动作能力上有如此之不同,就在智力上也有很大的差别,有的知识稍开的,有的真如木鸡似的一点儿也不懂。在这种情形之下,我们应当施以个别教育,或小团体教育。

然而,一般普通幼稚园都用一种团体教授法的。我常看见教师对着二三十个儿童讲故事,不论其中有不能领会的,有注意力不在听故事的,而总是随性讲去。我也常看见二三十个儿童做团体游戏的时候,有的儿童简直不会做而也任他滥竽其间,这未免太浪费光阴吧。还有一种毛病为用团体教授法所犯的,就是使儿童居被动的地位而教师反居主动的地位。比方唱歌,教师不管儿童愿意唱不愿意唱,总要他们一齐唱;又比方游戏,不管儿童喜欢玩不喜欢玩,总叫他们一起玩;比方玩沙,不管儿童此刻要不要玩,而教师总叫他们去玩。虽然儿童做事不能任其所欲,我们也应从旁暗示,指导;不过我们不应事事随我们成人的意思去做。要知道我们的意思未必尽善尽美的,儿童的意思未必都是错的。有许多地方,我们还是要随儿童的欲望和意思为好。

这样说来,团体教授不应用得太多太滥,除了教唱歌及几种游戏外,团体教授法是不适用的。

四、没有具体的目标

我们办幼稚园究竟为什么?我们教育儿童究竟要教养到什么地步?什么技能什么习惯儿童应当养成的?什么知识什么做人态度儿童应当学得的?以上这几种问题,办幼稚园的大概都没有想过,或想过而不去研究的。结果这些办幼稚园的,天天虽忙忙碌碌,到底没有什么成效,而儿童也没有什么进步。

要知道没有具体的标准,就不容易看出办学的成绩,也不容易改进教授的方法,做教师的糊里糊涂一天一天地教去,做儿童的也懵懵懂懂地一天一天地过去,而一般做父母的也不去督察督察。

这种无方针无目标的幼稚园,哪里能够发达呢?

总结起来,我们中国幼稚园大概犯了以上四种弊病。这四种弊病,无非是荦荦大者,其余如形式太重,儿童在一室内太多,教师少训练,设备太简陋,我也不加详述了。本篇所说的完全是关于幼稚教育之弊病,容后有暇时,再继续讨论幼稚教育应当如何改革。

幼稚教育之新趋势[①]

教育应当随时势而改变的。时势改变了，而教育仍旧不改变，那这种教育是"死"的，没有效用的。幼稚教育自从福禄贝尔氏提倡以来，至今已有百余年的历史了。在这百年中，世界潮流的变迁，时势的转移，如万马奔腾，大有一日千里之势；而幼稚教育也曾经过几次大变更，到今天又发生了许多的新趋势。兹胪列于下，以资研究幼稚教育者参考。

一、注重自由活动的新趋势

福禄贝尔原是一个教育革命家。他的思想原是超特的，他的教法原是合乎儿童心理的。试一考当时的教育，小学办得非常地严肃，除了读、写、算三课之外，就没有什么旁的功课。小孩子一天到晚关在学校里，没有什么自由活动的余地。福氏出来提倡幼稚园，反对注重形式的小学教法，介绍游戏、唱歌、舞蹈、故事、谈话、手工等等工作，使小孩子有生气，能自由活动，一洗当时教育的积弊。但是到后来，一般幼稚园教师竟忘了福氏提倡幼稚园的用意，把福氏的教法弄得非常呆板，把活泼的幼稚园变成无生气的小图圈。小孩子的一举一动差不多都要受教师的指挥，唱什么歌，玩什么游戏，讲什么故事，做什么手工，都是教师的意思。什么到了玩积木的时候，各小孩拿一盒小积木放在桌上，教师说"一"，大家把手放在盒子上；说"二"，大家把积木倒出来；教师又说"搭

[①] 本文原载《幼稚教育》1927 年第十九卷第二号。

牌楼"，大家都搭牌楼；教师说"搭楼房"，大家都搭楼房；搭了一歇，教师说："时候到了，大家把积木放好。"大家就把积木放好。像这样呆板的教法，只可以教木偶人，不可以教活泼的小孩。所以意大利的蒙台梭利出来，极力提倡工作自由，以矫正幼稚园的这种弊病。蒙氏根据伊塔德（Itard）和西格英（Seguin）两人的低能儿童教授法的原则，制造了几十种教具，让小孩子自己去选择，自由去玩弄。但细考她的教具教法，我们不得不质疑者有两点。

1. 教具非常呆板。什么扣纽扣、系鞋带，什么拼颜色、搭尖塔，什么安放几何形的木块，什么玩弄圆锥形，都是呆板而少变化的东西。扣纽扣、系鞋带这些动作，小孩子应当学的，应当自己做的，我们可以教他解自己的衣扣，结自己的鞋带，何必一定要他去解那布架上的"死纽扣"、结那布架上的"死鞋带"呢？蒙氏的这些教具为低能儿则可，普通的小孩子就要厌其呆板、缺少变化了。

2. 自由教法的缺点。蒙氏的自由教法，每每使小孩子随意乱弄，其结果小孩子学不了什么东西。小孩子固然要自己学的，但是必须要教师指导的；不然，尝试错误，不知要耗费多少光阴、多少精力呢！

从以上两点看来，蒙氏的儿童院并不怎么高明；她所主张的是自由，而她的教具实在是太呆板，实在是束缚儿童的自由。所以近年来，发生一种新趋势。这种新趋势，一方面解放旧式幼稚园的束缚，一方面矫正儿童院的放任。这种趋势就是"自由工作"。在这种自由工作制度之下，小孩子得以自由工作，得以自由集合，得以自由合作。但教师必须从旁指导，不让小孩子瞎做瞎弄。妨碍他人的工作，消磨自己的光阴，以养成各种叫嚣的坏习惯。小孩子做什么，画什么，唱什么，教师预先必要有充分的准备，临时必要有适当的指导。教师常常在旁照顾，小孩子若做错了或要做错了，教师就应从旁指导。这样一来，小孩子的进步很快。但是这种教法非常难用，采用这种教法的，非要达到下面四个条件，即（1）教师自己的学识要高，技术要精。（2）幼稚园教师要多，一个教师只能照管七八个儿童；若儿童太多，就不能顾到了。（3）教具教材要多，让儿童自由玩，自由试验；不然，天天玩二三种东西，断断学不出什么东西来。（4）教师要尽责，每天要有充分的准备；若不尽责，虽有丰富的教具和教材，也是无用的。

二、注重户外生活的新趋势

凡是儿童，都喜欢户外生活，都喜欢野外生活的。但是看看现今一般的幼稚园，差不多很少注意到这一点。普通的幼稚园总是几间房间，把小孩子关在里面，户外即有宽敞的空地，也不知道充分利用。要晓得空气、日光是生命的根源，运动、游戏是健康的要素。要晓得户外还有美丽的花卉、可爱的禽鸟，小孩子玩赏之余，自然可以发生审美观念、博爱的同情，于小孩子的性情知识都有很大的补助。所以近来幼稚园颇有注意户外生活的趋势。草地、花园、户外游戏场等等是幼稚园必需的设备；万一没有草地、花园，教师必须常常带领小孩子到公园、野外去玩。在日本有一个幼稚园叫做"户外幼稚园"（houseless kindergarten）。这个幼稚园当初是没有园舍的，小孩子一天到晚在户外生活，饱尝新鲜的空气，享受天然的美景；到了雨雪之时，始让小孩子在室内活动。这个幼稚园已经办了五年了，听说办得颇有成效，很受社会的信仰。

三、厘订课程的新趋势

大学、中学甚至小学都有规定的课程，试问幼稚园有没有相当的课程？幼稚园的课程素来是规定的，什么故事、手工、图画、唱歌、舞蹈、游戏、谈话等等项目，我们都听见过的；但是做什么样的手工，画什么样的图画，唱什么样的歌，唱多少歌，做什么样的游戏都没有规定。除了这些普通功课之外，还有什么别的东西，幼稚生应该学的，如关于卫生上的习惯，做人的德行，我们都要顾到的。有了一定的课程，做教师的就有所适从；否则好的教师勉强可以应付，没有经验的教师就不知怎样做了。所以近年来研究幼稚教育的都感觉到这种需要。什么课程，什么内容，什么目的，怎样做的，种种问题都要解决。1920年，"国际幼稚教育协进会"在美国开始调查各地幼稚园实地所用之课程，汇齐了许多材料，编辑成书，名曰《幼稚园课程之研究》（唐珏已将此书译成中文，中华书局出版）。自从此书出版后，研究幼稚园课程的兴趣就更加浓厚了。

美国哥伦比亚大学幼稚园新出了一本关于课程的书，名曰《幼稚园与一年级之行为课程》（Conduct Cuvic-ulum for Kindergarten and First Grade）。此书是该园近四五年来的试验结果，专以儿童的活动为编制课程的根据。这种编制的方法似乎很合近代的趋势。但是比这种课程还要完备的，当然要推丹佛（Denver）城①的幼稚园课程了。这个课程也是根据儿童的活动的。儿童的活动分为初步、卫生、家庭、社会等等，根据各种活动，选定各种教材教法。以上所说的课程书籍，都可以给我们作参考。

四、规定标准的新趋势

与课程相仿佛的，就是标准。几岁的儿童应当做什么样东西，例如图画，4岁的儿童应当画得怎样好，5岁的儿童应当画得怎样好；又如唱歌，3岁的儿童应当唱得怎样好，4岁的应当唱得怎样好。总之，关于幼稚园所有的工作，我们应当都有一定的标准。若没有规定的标准，那儿童的能力如何，学业进步如何，品格如何，我们都无从说起。做父母的不知道他们的小孩子在幼稚园里究竟怎样，做教师的也不知道他们的学生究竟怎样，大家糊里糊涂地过去。小孩子一到了足岁，不问他的程度如何，能力如何，我们就给

---

① 丹佛（Denver）城，美国中西部的一个城市，科罗拉多州首府。

他一张修业证书，送他到一年级去。反过来说，有了标准，做教师的常常可以考察小孩子的成绩，究竟他们的学业有没有进步，他们的长处在哪里，短处在哪里。考察之后，就可以想方法去补救，去奖励。这样说来，标准的规定实在是一桩很重要的事，所以近年来发生研究幼稚园各课标准的新趋势。罗杰斯（Rogers）① 拟定了两种卫生习惯表格，一种为家庭用的，一种为幼稚园用的，就是小孩子在家里与在幼稚园里所养成的卫生习惯。朱莉娅（Julia）、韦德（Wade）、阿博特（Abbot）新近也拟了一个卫生习惯表，以作幼稚园之健康标准。在 1924 年，鲁思（Ruth）、安鲁斯（Andrus）研究蒙养园的儿童，从 2~4 岁的习惯。找得情绪上的习惯共有 144 条，智力上的习惯共有 111 条，动作上的习惯共有 117 条，行为上的习惯共有 75 条。这种研究是很有价值的，做教师的可以拿来作为考查幼稚生之用。南京鼓楼幼稚园近已积极编制标准，什么习惯标准，什么图画标准，现在正在编造中，不久就可供给同志们作参考了。

五、研究幼稚生心理的新趋势

与幼稚教育直接有关系的，就是幼稚生心理的研究。若不知儿童的心理而施行教育，那这种教育必定没有良好结果的。儿童心理学是幼稚教育的基础。未施教以前，我们应当知道儿童的心理，他怎样学的，用什么方法学起来最经济、最有效力。比如图画，我们应当怎样教他，他才能学得好；又如玩积木，什么样的积木他玩起来最有兴趣、最有益处。从前所用的积木太小，不能引起小孩子的兴趣，不能发达小孩子的身体，所以近来我们有一种放大的积木，

---

① 罗杰斯（C. Rogers, 1902~1987），美国心理学家。曾任罗彻斯特指导中心主任，芝加哥大学和威斯康星大学心理学教授，并担任过美国行为精神病学会副主席，美国实用心理学会主席和美国心理学会主席。主要著作有《咨询和心理治疗》《在患者中心框架中发展出来的治疗人格和人际关系》等。

小孩子可以拿来搭大房子、大公园，不像从前只能在桌上搭一种几寸大的东西了。

近来用科学的方法研究幼稚生的心理的，有格赛尔（Gesell）①、德尔曼（Terman）②、约翰逊（Johnson）、沃生（Watson）③、鲍德温（Baldwin）④和斯蒂彻尔（Stecher）等。他们都已费了好几年的工夫，精细研究幼稚生的心理。国际幼稚教育协进会曾推选一个儿童研究委员会，专门研究儿童的心理。这个委员会现已费了三年的工夫，研究6岁儿童的言语。所得的结果已于该会机关报《儿童教育》上陆续报告了。还有关于情绪上、智力上、行为上的种种问题，都要彻底研究的。明了儿童的心理、生理之后，我们才能施以相当的教育，而收到优良的效果。

六、幼稚园与一年级之联络

我们在上面已经说过，小学的教法原是很呆板的。除了读、写、算之外，就没有别的课程，后来受了幼稚园的影响，加入游

---

① 格赛尔（A. L. Gesell，1880~1961），英国儿童心理学家。他一生主要从事儿童的生长和发展问题的研究。是一个成熟论者，认为生长的倾向是生活中最强的力量，不可能为环境因素所影响。制定测量幼儿发育的"格赛尔智能量表"，这至今仍是评价婴幼儿发育的有效工具。主要著作有《幼儿行为图表》《幼儿生命的第一个年头》《狼孩与小孩》等。

② 德尔曼（L. M. Terman，1877~1956），现译为特曼，美国心理学家，天才儿童研究的先驱者。

③ 沃生（J. M. Watson，1878~1958），美国心理学家，行为主义学派的创始人。他根据对动物心理和婴儿心理的研究结果，主张心理学是研究行为的自然科学，反对心理学研究意识。主要著作有《行为心理学》等。

④ 鲍德温（J. M. Baldwin，1861~1934），美国心理学家，儿童心理学家和社会心理学家，曾任多伦多大学、普林斯顿大学教授，后在霍布金斯大学及墨西哥国立大学任教。主要著作有《心理学手册》《心理学史》《儿童和种族心理发展》等。

戏、唱歌等功课。到了现在，小学的教法比从前活动得多了。但是教室的桌椅还是呆板钉牢的，所读的功课还是一班一班教的（道尔顿制的教法当然不在此例），什么节奏、故事、自由工作还是没有采取。一个活泼的幼稚生在幼稚园里自由惯的，活动惯的，一旦进了形式很重的小学，当然要发生种种困难。所以为沟通小学与幼稚园起见，有许多地方，小学一年级与幼稚园联络起来，成为一个系统，同由一个人去主持。不但如此，美国所有公立、私立的幼稚师范，差不多都附设普通师范科，以造就幼稚园与一年级的师资。美国还有一种很重要的杂志，专门为沟通幼稚园与一年级出的，取名为《幼稚园与一年级》（*Kindergarten and First Grade*）。不过这种杂志近因包括蒙养园教育，已改名为《美国儿童》了。

在中国也有几处把幼稚园与一年级联络起来的，例如杭州的宏道女学，南京的东大附小。总之，一年级应当与幼稚园有密切的衔接，以免双方的损失。

七、蒙养园的运动

近十年来，幼稚园的最大新趋势，就要算英国的蒙养园运动了（nursery school movement）。英国素有一种家庭保姆的习尚，就是有钱的人家大概是要请保姆去教养他们的小孩子的。但是一般穷苦的子弟，那就不能受同等的教育机会了。有的父母因为日里要出去谋生，年幼的小孩子只能在家里随便玩玩，就没有人教养了；有时竟因孩子太小无人看顾，做母亲的就不能出去谋生了；还有许多小孩子并没有受家庭的约束，终日在龌龊的街上跑来跑去，或是聚赌，或是打架，种种坏习气就互相传染了。

有一位女士名叫玛格丽特·麦克米伦（Margaret McMillan）目睹此种惨状，遂于1914年在伦敦的第浦弗奥特（Depford）城于人烟最稠密、贫童最多的地方办了一个蒙养园，以加惠一般可怜的儿童。同时格雷斯·欧文（Grace Owen）在别处也创办蒙养园，极力提倡。所以不到数年，各处蒙养园的成绩斐然，而大规模的运动就开始了。英国议院于1918年竟毅然决然通过一个破天荒的大议案，把蒙养园作为全国人民教育的基础，正式认定健康教育的重要；凡各处蒙养园愿让政府按期检验他们蒙童的体格的，就可以得到政府的补助。这种议案虽并不强迫各地方设立蒙养园，但风声所播，开始创办者不一而足，所以不数载，蒙养园在国中就很普遍了。

近年来，美国人士也正在极力鼓吹蒙养园的制度，各处著名大学教育科几乎都有添设蒙养园课程之举。美国两种著名幼稚教育杂志：《美国儿童》和《儿童教育》，专辟一栏，讨论蒙养园的实施与组织。国际幼稚教育协进会特设蒙养园一部，以研究蒙养园的种种进行事宜。至今美国各处设立蒙养园也渐渐多起来了。

但蒙养园究竟与幼稚园有什么分别？在组织上，蒙养园所收的儿童比幼稚生年龄还要小，两周岁的儿童就可径进蒙养园，幼稚园里的儿童最小的也需3岁。普通的幼稚园只有半天的工作，蒙养园大概是全天的。在目标上，蒙养园与幼稚园也有一点不同。蒙养园所最注意的是健康。政府一方面派员时常去检验蒙养生的身体，看蒙养生有否疾病，有否充分的教育；一方面供给蒙养生健康的环境，滋补的营养，什么空气、日光、游戏、清洁、休息，都是蒙养园所应注意的要素。但是我们不要误会，蒙养园所最注意的固是儿童的健康，但智力的发展、德性的培养，也是要顾到的。幼稚园对于儿童的健康并不是不注意，不过没有蒙养园来得那样注意罢了。从上看来，蒙养园与幼稚园实在没有什么大分别；所分别者，蒙养园所招收的儿童比幼稚生较小一点。所用的教法较为自由一点而已。

蒙养园这种组织，当初是为贫寒子弟的；到后来，有钱的人看见这种组织办得很好，也起来创办蒙养园，以教育他们自己的子弟。现在美国有许多蒙养园，如哈夫福特蒙养园（haverford nursery school）、卡姆布里奇蒙养园（cambridge nursery school）、拉格尔斯街蒙养园（ruggles street nursery school）等等，都是有钱的人自己私办的。

总起来说，幼稚教育自从福禄贝尔提倡以来，已经经过了几番改革，到今天又有许多新趋势发现了。

儿童的活动是要自由的，要辅导的，最好要在户外做。幼稚园所用的教材要详细规定出来。这种规定的教材要活用的，当然不能"死"用的。除了规定教材外，我们应当规定幼稚园的各种成绩标准。但要彻底改造幼稚教育，非彻底明了儿童的心理不可。所以近来有许多心理学家出来研究这个重要问题。但比上述种种新趋势还要有声有色、轰动一时的，那要算蒙养园的运动了。

我们的主张[1]

幼稚园这种教育机关，在中国本来是没有的。现在我们既然来创办这件事，就应当先自己问一问，用种什么目标，怎样的办法。倘是一些主张都没有，仍旧像中国初办教育时候，今日抄袭日本，明日抄袭美国，抄来抄去，到底弄不出什么好的教育来。我以为，无论对于任何事体，要想去办，总得先计划一下，规定哪几种步骤去做；否则只是盲目的效法，哪里会有好的结果呢！至于主张对不对，适用不适用，这个当然不能一时断定。我们现在办这个幼稚园，是先有了研究，再根据儿童的心理、教育的原理和社会的现状，确定下面几种主张做去。

一、幼稚园是要适应国情的

现在中国所有的幼稚园，差不多都是美国式的。幼稚生听的故事是美国的故事，看的图画是美国的图画，唱的歌曲是美国的歌曲，玩的玩具，用的教材，也有许多是从美国来的。就连教法，也不能逃出美国化的范围。这并不是说美国化的东西是不应当用的，而是因为两下国情上的不同。有的是不应当完全模仿的，尽管在他们美国是很好的教材和教法，但是在我国采用起来到底有许多不妥当的地方。要晓得我们的小孩子不是美国的小孩子，我们的历史、我们的环境均与美国不同，我们的国情与美国的国情又不是一律；所以他们视为好的东西，在我们用起来未必都是优良的。比如那个

---

[1] 本文原载《幼稚教育》1927年第一卷第一期。

三只熊的故事，因为熊在美国是一种很平常的动物，各处动物园里都有，小孩子玩的熊，图画上画的熊，都是非常的普遍，因此熊竟成为小孩子很熟悉的动物。所以他们的儿童听起熊的故事来，是很有兴趣的。若拿来讲给我们中国的小孩子听，就不免有些隔膜了。因为熊是我们小孩子从来没有看见过的，玩的熊也从来没有的，就是关于熊的故事，也从来未曾听过。以这样未见过、未听过、未玩过的动物编了故事对他讲，当然是不能引起他的兴趣，不能使他领会了。若是我们将这种好的故事稍为改变一下，将熊变为虎，那小孩子听起来就容易懂得多了。又如，圣诞节在外国是一个很重要的节日，在这个节期里，人人心目中只有圣诞节，街上看见的，家庭里所预备的，都是圣诞节的礼物；大人送礼给小孩子，小孩子送礼给大人；什么亲戚朋友都预备相当的礼物互相赠送，表示大家相敬相爱的意思。像这种节期的风俗，在外国幼稚园里当然要遵守要举行的，可是在中国素无此等风俗，就没有举行此等礼节的必要。不过这种精神，我们不妨采用来庆祝我们的节日，庆祝我们的新年，不将更加有意义了吗？总之，幼稚园的设施，总应当处处以适应本国国情为主体，至于那些具世界性的教材和教法，也可以采用，总以不违反国情为惟一的条件。如此则幼稚园的教育，可收事半功倍之效，可充分适应社会的需要了。

二、儿童教育是幼稚园与家庭共同的责任

幼稚教育是一件很复杂的事情，不是家庭一方面可以单独胜任的；也不是幼稚园一方面可以单独胜任的，必定要两方面共同合作方能得到充分的功效。现在试看中国的幼稚园，有几个是与家庭合作的？有的父母把小孩子送到幼稚园里去，并不是为小孩子要受教育，乃是为自己的方便。因为小孩子在家里吵得很，没有工夫去对付他，所以把他送到幼稚园里去，使他收收心，其他并没有什么目的；所以把教育小孩子一切的任务都置之不闻不问。有的父母则不

然，他们对于儿童的教育非常注意；但是因为对于幼稚园的情形不十分明了，不晓得小孩子在幼稚园里究竟做些什么事情，所以在家里所教的与幼稚园里所学的，常不能相融合，甚至两方面发生冲突。像这样的父母本来是可以帮助幼稚园的，无奈幼稚园不去同他们合作，竟以为儿童的教育是幼稚园可以单独担任，不必同家庭去商议的。并有以为小孩子在幼稚园是教师的责任，在家里方是父母的责任；所以只要问自己教得好不好，而不必问儿童在家里的情形怎么样，这种态度真是大错而特错。不知道儿童教育是整个的，继续的，为教师的应当知道儿童在家里一切的情形，吃的是什么，做的是什么，玩的是什么，学的是什么。做父母的也应当知道小孩子在幼稚园里做些什么，学些什么，如此则两方所施的教育，就不致发生冲突，而所得的效果也必定很大。但是有什么方法可以使这两方面了解，使这两方面合作呢？我想合作的方法很多，现写出几条来。

1. 恳亲会。幼稚园每学期至少要开一次或二次的恳亲会，一方面展览儿童的成绩和表演的能力，使其做有目的活动；一方面教师可以借此与儿童的父母相认识。

2. 讨论会。幼稚园的教师可以每月集合各家的父母一次，讨论儿童身心发育之种种问题，并可以报告儿童最近的缺点，请他的父母到家里注意纠正。儿童的父母，也可将儿童在家里的不良习惯，随时报告教师，请教师设法诱导。如此双方交换意见，庶可容易了解，容易合作。

3. 报告家庭。我们不但应用讨论会探索小孩子的种种心身问题，也应将小孩子在幼稚园里所做的工作和一切关于品性上、习惯上的种种举动，都详细报告家庭。如此可以使父母知道在家里怎样教导他们的孩子了。

4. 探访家庭。幼稚园教师应当时常去探访儿童的家庭，由此可以知道儿童在家里的生活状况，而且借此可以增进两方面的感情，遇到困难的问题，两方面就容易融洽了。若能实行以上所说之方法，那幼稚教育的进展殊未可限量呢！

三、凡儿童能够学的而又应当学的，我们都应当教他

什么东西是幼稚园应当教的，什么东西是幼稚园不应当教的，这种问题是我们办幼稚园的人首先要注意的。对于这个问题有人主张幼稚园不过是小孩子玩玩的地方，只要有点可以玩的东西，使小孩子快乐快乐就是了，不必教什么东西。有的主张幼稚园应当用一种有系统的教材去教小孩子，什么读法、写字、理化常识，都在必修之列。我们现在要问究竟实际上小孩子应当学些什么东西，有什么标准，我觉得下面三个标准有讨论的价值。

第一个标准是：凡儿童能够学的东西就有可能作为幼稚园的教材。比方一个小孩子能够识字了，不论他是两岁，还是三岁，我们就应当设法去教他识字。但是"能学"的这个标准还不够；假使这个小孩子虽能识几个字，然而学习的时间要非常之长，教师所费的精力又要非常之多；在这种情形之下反倒不如用这些时间精力去学别样东西来得妥当而有效果。所以在"能学"的标准之下，也要有点限制才好。例如，有些东西小孩子虽然学是能学，不过学了或足以妨碍他身心的教育，那就更加不必勉强他学了。

第二个标准是：凡教材需以儿童的经验为根据。我们从前在私塾里读书的时候，天天念《三字经》《千字文》和四书五经等书，虽然能够背诵得很熟，但是觉得毫无意义；因为书上所讲的与儿童的经验隔离得太远了，所以我们应当以儿童的经验为选择教材的根据才好。

第三个标准是：凡能使儿童适应社会的，就可取为教材。我们选择教材的时候，不但要问这种教材小孩子能学不能学，与他们的经验有没有衔接，我们还要问这种教材同他现在或将来的生活上发生什么样子的影响。如果这种教材对他现在或将来的生活上有不良影响的，那么就是小孩子能够学的又与他经验衔接的，也不能教他

的。比如偷桃子这件事，偷是小孩子能学的，吃桃子是小孩子的经验里有的，教他去偷桃子来吃，他是很高兴的，但是这种行为对他生活上是有妨碍的，而且为社会上所不许的，所以我们总不能拿它来做教材教他们。

我们若根据以上的三个标准去选教材，那所选的教材就不至于有大错了。

四、幼稚园的课程可以用自然、社会为中心

小孩子能够学的与应当学的东西，本来是很多的，但是我们不能就这样漫无限制地毫无系统地去教他。总必定要有一种组织，在相当范围内，使其成为一个系统并使各科目中间互相连接起来发生关系。因为儿童的生活是整个的，所以教材也必定要整个的，互相连接的，不能四分五裂的。我们不能把幼稚园里的课程像大学的课程那样独立，什么音乐是音乐、故事是故事的，相互间不发生影响。我们应当把幼稚园的课程打成一片，成为有系统的组织。但是这种有系统的东西，应当以什么为中心呢？这当然要根据儿童的环境。儿童的环境不外乎两种：一种是自然的环境；一种是社会的环境。自然的环境就是各种动植物的现象。社会的环境就是个人、家庭、集社、市廛等类的交往。这两种环境都是与儿童天天要接触的，所以我们应当利用这两种环境作幼稚园课程的中心。

五、幼稚园的课程需预先拟定，但临时得以变更

普通幼稚园的教法有两种：一种是固定的；一种是自由的。固定的教法，就是教师把一日间所做的种种工作，按照一定的时间去支配。什么时间做什么工作，都是刻板不变的，不管小孩子所做的这件工作有没有做好，时间一到立时就要停止。这种注入式的教法有好处也有坏处。好处呢，是容易见效，学得不久即学会了。坏处

呢，是小孩子不能独自创造，不能独自发表意思，以致好的或有天才的小孩子，不能积极地向上进取。这种教法在我们中国的幼稚园里还是很通行的。还有一种教法是"自由教法"，就是让小孩子各人自由去工作，小孩子喜欢做什么就做什么。不过这种自由工作之中，也有点相当的限制，不然随意妄动就要妨碍别人的动作了。而且这种教法非常之难；一方面幼稚园的设备要充分，一方面教师的知能要丰富。设备不充分，则小孩子终日只做一二种工作，玩一二种玩具，甚至缺乏兴趣，不是生厌偷懒，就是妄动胡闹，对于真正的工作，并没有学到。若是设备充分而教师没有相当的学识去指导儿童的动作，那么儿童也学不出什么东西来。但是这种自由的方法，能够运用得当，儿童所得的益处实在是不可限量哩！由此儿童的能力可以加强，儿童的思想可以发展得很充分；天资特别的儿童不致为全体所牵制而不能上进；其他儿童也能得到尽量地发展。

这两种方法在运用上都是各有利弊。我们无论采取哪一种或者两种都采取，我们总应当把每日所做的功课预先拟定出来。谁去拟定呢？教师呢，还是儿童？那也不必拘泥。有了这种拟定的功课，教师就可以有相当的准备。不然临时仓皇，就不容易应付。倘使临时发生一种很有兴趣的事情，那不妨就改变已拟定的功课，以做适时的工作来满足儿童的需要。

六、我们主张幼稚园第一要注意的是儿童的健康

我们中国人素来是不注重卫生的，所以身体羸弱，精神萎靡；故外人称我为"病夫"。要知道强国，必先强种，强种先强身，要强身先要注意幼年的儿童。儿童的身体不强健，到了成年，也不会强健。所以，幼稚园首先应当注重儿童的身体。不但要强身、强种、强国，还应注意儿童身体；就是儿童目前的问题，也非得有强健的身体不可。因为他的智力，他的行为，都是跟他的健康有关的。身体不强，就不容易学，常见多病的小孩子，对于他的学业，

发生许多的妨碍。就在病后也常常不愿意动作，不肯听话，又容易发脾气。身体强健的儿童则不然。他的举动活泼，脑筋敏捷，做事容易，乐于听从，比较有病的小孩子真是大相径庭呢！所以幼稚园为儿童的将来与现在，都应极力注意儿童的健康。还有一层，办幼稚园的人应当特别注意的，就是小孩子常有患传染病的，如百日咳、沙眼、癣疥等类，都是很容易传染给别人的。倘使幼稚园对于这些疾病，平时不加注意，那么一传二，二传三，不久就要一起传遍了；一个好好的幼稚园，将成为一个传染疾病的机关了。这不是很危险的吗？所以幼稚园一方面要常常注意儿童的健康，检查儿童的疾病，以免传染；一方面要有充分的设备，使儿童每日有相当的活动，以强健他们的身体。

七、我们主张幼稚园要使儿童养成良好的习惯

人类的动作十分之八九是习惯，而这种习惯又大部分是在幼年养成的；所以幼年时代，应当特别注重习惯的养成。但是习惯不是一律的，有好有坏；习惯养得好，终身受其福，习惯养得不好，则终身受其累。比如某孩子少时非常放纵，娇生惯养，他的父母也没有什么知识，不去严加约束，反而时常叫他去拿人家的东西来玩；到大来，偷窃的习惯已经养成了，一看见人家的东西就要起盗心。又如某幼稚生在某幼稚园上学，开始执笔就用四个指头，他的教师没有留心，不去矫正他，过了一载，这种执笔的姿势差不多变成一种牢不可破的习惯了；后来，他换了一个幼稚园，那园里的教师发觉了他的坏姿势，费了四个月的工夫，才把他矫正过来。倘使这个教师也像如前的教师一样忽略过去，没有替他矫正，那恐怕到后来还要难改呢！所以我们应当特别注意儿童所养成的种种习惯，以期建筑健全人格之巩固基础。

八、我们主张幼稚园应当特别注重音乐

音乐是儿童生来喜欢的。三四个月的小孩子，就能开始咿咿呀呀地唱了；到了八九个月，他就能发出唱歌的声调了，快乐的时候，格外要唱得起劲；等到1岁的时候，就差不多一天到晚不歇地唱；再大一点，只要一听见别人唱歌的声音就要跟着唱起来，虽然所唱的，并不是一样，但是总像一种曲调的样子；到了三四岁的时候，小孩子好唱的能力格外发展得快，而喜欢音乐的兴趣亦格外来得浓厚。所以幼稚园为满足儿童的欲望起见，就应当特别注重音乐，以发展他们的欣赏的能力，养成他们歌唱的技能。若是儿童生来虽然喜欢音乐，但是环境没有什么音乐的表现以适应他们的欲望，这怎样能够发展音乐的才能呢？试看中国虽有种种的乐器，但是会玩的很少；各处虽有戏剧的流行，但是除了几个戏剧家以外，会唱的又是很少；一般普通的人差不多全然没有唱歌的能力。比较欧美的情形来，欧美人民之家庭社会，大半都充满了音乐的环境，中等以上的家庭差不多都有相当的乐器，或是钢琴，或是留声机，每日都有一些时候家庭团聚，弹弹唱唱以资娱乐，并且由此可以陶冶性情，小孩子不知不觉间受了这种影响，慢慢地就养成一种音乐的兴趣、音乐的技能了。这不但他们的家庭是如此，他们的社会方面也很提倡音乐的，如音乐会是常常举行的，歌剧则各大城市都有。至于学校方面，是格外注重的。所以他们随便什么公共聚会，都有一唱百和之势，从音乐中很能表现出他们的情感。而我们中国的情形，简直可以说要找一个大家能唱的歌曲也找不出来，甚至于连一个国歌也不能普遍的会唱。在这种情形之下，个人的情感、团体的精神如何可以充分地表现出来呢？所以为满足儿童个人的欲望需要计，为唤起团体爱国的精神计，我们不得不特别注重音乐这一科。

九、我们主张幼稚园应当有充分而适当的设备

经验是发展儿童个性的工具。经验也就是学问。无论在家里或在幼稚园里,我们应当给小孩子一种充分的经验。经验的来源有二:(一)与实物相接触。(二)与人相接触。这两种接触的机会,都要靠着充分的设备为转移的。假使小孩子在幼稚园里没有什么可玩的东西、可做的事体,那么就是有许多小孩子团聚在一起,也不能做出什么有用的事体来;若是有了可玩的东西、可做的事体,那所学的就多了。但是现在我们中国的幼稚园呢?设备都非常的简陋,大概有几盒恩物、几块积木、几把剪刀、几张纸头、几盒蜡笔、几个皮球、几张桌椅以及其他少数物件而已。试问在这种情形之下,怎样可以丰富儿童的经验,发展儿童的个性呢?幼稚园要求发展扩张儿童的经验,非有充分的设备不可,有了充分的设备,小孩子就可以随意玩弄,不但不致生厌,而且由此可以得到许多知识,比如此刻画图或做衣服,等一刻又去做游戏、骑车、跳绳种种动作;因此,要发展儿童各方面个性,就应当有充分的设备。不过在充分的设备之下,也有一个条件,就是设备不但要充分,而且要适宜。假若设备虽是充分而并不适宜,那么它的效果,也就有限,并没有多大的用处了。比如像球形的恩物太少,便不能达到发展儿童肌肉与思想的条件;秋千太高太大,小孩子不易玩弄;滑梯每每的太陡豁直,使小孩子易遭危险;这些都是设备所亟应注意到的。所以我们筹备幼稚园的种种设备,都应当顾到它们的数量问题和适用问题才好。

十、我们主张幼稚园应当采用游戏式的教学法去教导儿童

游戏也是儿童生来喜欢的。儿童的生活可以说就是游戏。儿童

既然有这种强烈的本性，我们就可以利用这个动机去教导他。比方教他识数，我们不能够呆板地教他这个是一，那个是二；我们可以叫他做各种识数的游戏去识数，这就比用呆板的方法容易学得多。又比如识字，我们也不应当用呆板的方法去教他认字；我们也可以用种种游戏的方法（如用识字牌、缀法盘等）去教他，因为儿童总是喜欢游戏的，而且他游戏的时候，会忘记了自己，用全副的精神，去做他的游戏。名义上虽说是游戏，但所学的确是很好的学问，很好的东西。不但如此，还有许多别的游戏，如玩小宝宝请客等，都可以学到许多的东西。游戏的直接用处，虽只是寻求快乐，然而间接的用处则甚大，因为它可以发展儿童的身心，敏捷儿童的感觉，于儿童的生活有莫大之助益，所以幼稚园应当采用游戏式的教导法去教导儿童。

十一、我们主张幼稚生的户外生活要多

"幼稚园"这个名词的意思本是一个花园，让小孩子在里面自由活动，随意游玩，吸收新鲜的空气，享受天然的美景，不是像大学生拘在一间教室里面那样；但是中国的幼稚园并不是一座花园，简直是几间房子，小孩子从早到晚差不多都是在那里生活。有的幼稚园只有一间房子，没有什么空地可以自由娱乐。这种幼稚园简直是一个监狱，把活泼的小孩子，关在里面，过一种机械式的生活；像这种幼稚园，真是还不如不办来得好。还有一种幼稚园，园内有许多的空地，或者邻近也有很好玩的地方，但是教师不知道儿童的需要，不晓得利用这些空旷的地方，只一味地把小孩子关在室内，不出去活动，不肯变更他们的教学方法，不晓得小孩子是顶喜欢野外生活的，什么飞鸟走兽野草闲花种种东西，都足以引起他们的注意。至于新鲜的空气，明亮的日光，都是小孩子强身的要素，到了这种野外的地方，做教师的就可以随地施教，看见什么，就可以教什么；小孩子看见了这些野外的景象就得到了一种深刻的印象。若

是教师在这种适宜的地方教小孩子唱歌、做游戏、画图画、讲故事等功课,这样小孩子学了许多天然的实物,又可以学到普通所教的功课,并且可以增加儿童的快乐,活泼儿童的精神,强健儿童的身体。像这种户外的教学,比起室内的生活来,不知道要强多少倍。还有一层意思要说的,就是我们因为有种种原因不能带小孩子天天到野外去生活,也应当让小孩子多得些庭院的生活,不应把他们天天关在房子里面;因为教室的功用有限,只有在天气寒冷的时候或下雨下雪的时候应当在室内活动,好天气时,总应当让小孩子常常出去玩耍。

十二、我们主张幼稚园多采用小团体的教学法

幼稚生的年龄是不齐的,智力又各人不同,兴趣又不能一致,所以幼稚园不能够把他们归在一起,叫他们做一种同样的工作。常看见幼稚园讲故事的时候,全体小孩子团团坐着听教师讲,其实真正能听教师讲的,只有几个;其余的都不留心听,不是玩弄这样,就是玩弄那样;即使教师讲得很动听,还是不能引起全体人的注意。这不是很不经济的事吗?最好把故事分开来讲,大的为一班,小的为一班;小的可以多用图画来帮助教学,使他容易领会。教音乐的时候,小孩子也应当像这样分开来教,如此,程度高的不至于受程度低的牵累,可以直往上进;程度低的,也不至于赶不上。这种情形不但对于故事、音乐是应当如此,就是其他的功课也应当分开来教;如此,教学的效果可以增加,儿童的兴趣可以格外浓厚。

十三、我们主张幼稚园的教师应当是儿童的朋友

幼稚园的教师不是私塾的先生。私塾的先生是很尊严的,儿童对于先生是很害怕的;因此儿童大半不愿意进馆去受这种拘束,由此师生之间就有许多的隔膜,以致先生教起来不容易教,学生学起

来也不容易学。反过来说，若是教师如同学生的朋友一样，与学生非常地亲近，同同学玩，那么，教师就容易明了各个学生的性情能力，教起来就容易引导，学起来也容易听从了。所以我们主张幼稚园的教师应当做儿童的朋友，同游同乐的去玩去教的。

十四、我们主张幼稚园的教师应当有充分的训练

小孩子是不容易教的，幼稚园的教师是不容易做的，因为幼稚园的教师要善于唱歌，善于弹琴，善于绘画，善于讲话及其他种种技能。并且要熟悉自然界的现象与社会的状况，要有很丰富的常识，要明了儿童的心理；想要满足以上这许多的标准，非要有充分的训练不可。为什么幼稚园教师要有这样的训练呢？这里面的原因很多。

1. 因为儿童是很难教的。各个儿童的年龄看起来相差很少，但是他们的智力却相差很远。3岁的儿童比两岁的儿童晓得的多，5岁的儿童又比4岁的儿童晓得的多。幼稚园的儿童，有的3岁，有的5岁；有的智力很弱，有的智力很强；做教师的不能一律用呆板的方法去教导他们，必定要有充分的学识、高深的技能，方能因材施教，满足各个儿童的需要；且儿童的注意力很薄弱，教导不易，非有特别训练的教师，实在不能胜其任。

2. 儿童开始学的时候，应当学得好。我们都晓得无论学什么东西，第一次学坏，第二次就更容易学坏；所以开始学习时一定要谨慎。有许多小孩子因为初学的时候，学得不好，学得不对，后来改起来就非常困难。比如小孩子写字，十居七八没有适当的姿势，或是笔拿得不好，或是坐得不正，或是头歪在一边，种种坏的习惯都是由于开始学写字的时候，他们的教师没有留意去指导他们的缘故，以致后来一误再误，成为第二天性；所以要教小孩子教得好，必定要在第一次的时候教得好。这样说来，教师非得有充分的训练不可。

十五、我们主张幼稚园应当有种种标准可以随时考查儿童的成绩

幼稚园究竟应当教些什么东西？小孩子究竟应当做些什么东西，做到什么地步？幼稚生的程度究竟是怎样的？要解答这种种问题，非得有种种标准不可。幼稚生应当在幼稚园里养成什么样的德行、什么样的习惯、什么样的技能？得到什么样的知识？我们都要研究的。所以我们考查品行，应当有品行的标准；甄别习惯，应当有习惯标准；检验技能，应当有技能标准；测验知识，应当有知识标准。知道幼稚生的成绩，就可以施相当的教育：成绩好的，可以格外鼓励他上进；成绩坏的，设法补救。这样一来，好的坏的都有相当的教育，这样说来标准是实行优良教育的根据。不过标准虽然这样重要，做起来也很不容易，一个标准常要费一两年工夫始得做成的，不但编制的工夫长，而且编的手续也是很繁的，我们不能因为编制之麻烦就不去进行。

总起来说，我们在上面所主张的15条信条当然不是金科玉律尽善尽美的，但从现在中国幼稚教育的情形看来，这15条信条也许是治病的良方呢！

第三章 课程与教学

幼稚园的课程

我们知道旧式的幼稚园课程不合于儿童的需要，有改造之必要。现在来讨论怎样改革课程。以下分做原则、组织和分科三项来说明。

一、幼稚园课程的原则

幼稚教育是教育之一种，所有原则，几乎和普通教育所谈的原则相同。关于课程的教育原理，当代教育哲学家杜威（John Dewey）、巴尔特（Paul Barth）等都详细讨论过，他们都谈到课程原则，诸位大概也都看到过。又如郑宗海①先生所译的《儿童与材料》一本小册子，愈加切合儿童教育。关于编制课程方法上的原理，庞锡尔、巴必特等都有专著，如《设计组织小学课程论》等早已脍炙人口了。至于完全讨论幼稚园课程的就不多了，并且大多数是报告，例如哥伦比亚出版的由唐悫所译的《幼稚园课程研究》，就是报告。现在我根据上述著作中的论述来讨论。其中有五条原则我认为很好。

1. 课程的目的最重要的是帮助儿童目前生活，至于将来生活的帮助还在其次。这条原则指出了从前人们预备说的谬误。儿童是儿

---

① 郑宗海（1892~1979），又名郑晓沧，我国现代教育家。1914年毕业于清华大学，后留美获哥伦比亚大学教育学硕士学位。历任南京高等师范、东南大学教授，浙江大学师范学院院长、教务长、代理校长等职。主要著作有《英美教育书报阅读指南》《修学指导》，翻译外国教育名著多种，如杜威的《儿童与教材》，弥勒的《人生教育》，庞锡尔的《设计组织小学课程论》《小妇人》《好妻子》《小男儿》等。

童,成人是成人,虽然今日的儿童就是将来的成人,但是在教育上尽可以不必做先养子而后嫁的手续。例如教识字,儿童不知道字的用处,强迫他学,那是不应该的。但是,我们可以找到儿童生活中也有字的,例如故事、谈话、图画等都可以放进字去的,我们就以此教他识字。严格地说起来,儿童识字也是为着将来生活,教他识字就是照顾到将来。但是用论理的方法去教,没有不失败的。用适应目前生活需要的方法,去达到将来生活中必会出现的事情,这是制定课程的第一条原则。

2. 所有的课程都要从人生实际生活与经验里选出来。这条原则是承第一条来的。像幼稚园里的课程,天天走朝会圈,玩蒙台梭利恩物、福禄贝尔恩物,就是学校生活和实际生活截然分做两途。儿童走出学校大门又换了一个生活,这种教育则是不切人生的教育。学校里可教的东西很多,只怕教不了,教不周到,儿童的一饮一食,一草一木的接触,灿烂的玩具用品,都是好教材,课程确该从这方面去着想,何必经过一番人工化呢?

3. 富于弹性的课程,可以适应个别不同的兴趣与能力的儿童。儿童个性之不同,已于前数章说过。如何适应不同个性的儿童,在教师和教法方面固然很重要,然而在拟定课程时尤其应该留有余地,使儿童可以多方地去接触,可以随他自己的个性去转变。这句话在课程方面就是说:"一切课程,包括儿童全部的活动是可以变的,并不是按几位教师的想法而拟定的,并且是多方的,不是专一的,不是专门注意某部分,而使其他各部分向隅的。"例如蒙台梭利的教法,在发展儿童的感觉上,确是好方法,但是未免太专一了,墨守她的方法,会束缚儿童的天性,不能尽其固有的天性而发展——至少是不能多方发展。所以富有弹性的课程有两种意义。多设课程,可以使儿童从多方发展,并且适应他的个性之所近,即所谓"助其长,而补其短"。这是一个意义。同是一种课程,它的内容分得深浅不同,所包含的成分也不同,随儿童自己的需要去做,这是课程有弹性的又一个意义。从广义说,课程在这两个意义上都有。倘若课程和教材有严格的区别的时候，那第二个意义就专属于教材了。

4. 所有的课程允许重编。这条原则和第三条相仿佛。不过在范围上稍有不同。所谓有弹性是专指适应儿童个性与当时的需要而言。我们知道教育有两方面应该适应的——儿童的需要与社会的需要。社会的需要是各地不同的，也是因时期而异的。我国黄河流域的社会情形，与长江流域大不相同。前五六年的社会情形，又和现在的不同。我们固然不能把外国的课程搬移到中国来直接应用，也应该知道在一国之中所定的课程也不是一成不变的，也不能强迫全国雷同的。一国之中应该有全国统一的课程大纲，即所谓养成全国一致的真精神，但是应该允许各地重编。各地方也应当根据社会需要而决定是否重编。

5. 非但要适应儿童目前的需要，尤其应该适应其他的新需要。有刺激然后发生反应，这是生物的普遍状态。儿童的需要，有一小部分是发生于自己生理状态的要求，大部分发生于外界的刺激。刺激的来源很多——家庭，小朋友，教师，社会，自然界等，不进学校的儿童，也天天受教育，就是随地而遇的刺激，随地得到解决的适应。但是，这类刺激的范围太狭，教育上的刺激是胜于这类刺激的（并不是不要这类刺激与适应的方法，切勿误会）。教育的刺激，是在日常所有的刺激以外，再加上许多不是在一处地方所能接受得到的。所谓搜罗各地方之特别事物来刺激儿童，使儿童能因之生出种种新需要，教师再设法来适应他们的新需要，这是教育所起到的作用。谈到这点，课程当然和设备有关系了。如何能引起新的需要呢？有一部分非有好的设备不可。例如，弓箭、水枪之类，在日常社会上是看不到的，但是这几件是儿童最好的玩物，幼稚园里就要有这种特别的设备。不过也有许多可以不费钱而得到的。例如自然界包罗万象，随处是新的刺激，平常儿童不可能去留心的，教师倘若能随地启发，也就能使儿童发生许多新需要。此项工作，在教师固然要精细敏捷，但是在拟定课程的时候，就要预先注意到这点。

二、幼稚园课程的组织

幼稚园的课程怎样组织呢？在原则上有两条相反的主张。有一派学者主张预先排定的，非但一星期的课程排得很好，并且把一学期、一学年的功课排得很好。从前的教育家，还有把儿童从入学到毕业的课程，每小时都计划得很周到，注意教材的一派学者就是如此。诸位不要以为好笑，五六十年前的美国，此法盛行一时，到现在也还有人主张采用这种方法。从前中国盛行的几段教授等日本方法，也都发源于此。与前派相反的是绝对不作计划的、废弃一切的组织，他们完全以临时的各种生活为主体，今天看到猫，就来教猫，明天看到鸡，就来教鸡，近乎设计教学派（其实大不相同），并且他们所主张的理由，也着实言之成理，以为要适应儿童的需要，以生活为中心的教育，非如是不可。但是教育是有目标的，是按计划去达到目标的工作，毫无组织的做法，试问教育的目标何在？是否每天可以找到新材料，有了新材料是否教师都能临时预备得及？所以这派的主张危害很大，我是不以为然的。

我们怎样组织课程呢？简单地说一句："要有目标，又要合于生活。"每学期应该有一个总设计，以决定本学期应该注重的目标。每星期又有一个预定的课程表，拟定一星期里教导的中心。但是此项课程预定表，并不是固定的、不能变换的，儿童或社会上发生临时的事情，教师就可以采为课程内容，可以把一切预先所定的暂时搁起，重新再来做一番筹备的工作。倘若新发生的事情与预定的有些相像，那就要把它容纳进去。

组织课程以什么为根据呢？组织课程的取材如何？至少有三个来源——时令、自然环境和家庭与社会的生活。时令可以利用的很多，一年之中，在中国可在全国用的有下述几种。

1. 纪念日。如国庆，国耻，共和复活，孔子诞辰，中山纪念等。
2. 节气。如清明，端午，中秋，重阳，立夏，百花生日（阴历二月十二日），冬至，元旦，灯节等。

3. 生日。教师的生日，学生的生日，都可作为课程的中心。

我国现行学校制度，每逢纪念日、节气都放假，此事太无道理。错过很好的教育机会，任令儿童在家里莫名其妙地度过去，可惜之至。外国学校对于纪念日和节气，重视得很，西洋的圣诞节、感恩节，日本的天长节、樱花节，都是举国若狂，此时就可以教给儿童许多东西，实在是组织课程的大根据地。利用生日就是做寿，此事也很有意思，不过不能每个人的生日都做，每月集中做一次，是很好的。

自然环境最丰富不过了，可以说全年的课程都可以取材于此。四季变换的动植物，阴晴雨雷的自然现象，没有一日是找不出新材料的，可惜幼稚园里并不注意到这层，还是天天在室内生活。

家庭和社会生活里的东西，儿童是天天能接触到的，不过儿童不去留心的，除非有人来指引。近今小学教育的趋势，公民与常识二科，都取材于社会实际生活，幼稚园也无异于小学。我觉得从幼稚生的能力来看，可以教的，也应该教的，切于人生生活实际需要的不教，反而教各种极抽象、与实际生活相距很远的东西，那是最不经济的事情。至于这类材料之多，和自然环境相仿佛。

以上三种课程的来源，并不是单独的采收，在实际施教上是合成整个的。至于课程的分科乃是另一问题，下节讨论。

三、幼稚园课程的分科

分科有两派不同的主张：（1）以论理的分类法来分科，目的和小学里的分科差不多。（2）以儿童的活动为根据而分，这派主张不分科，只说某项动作里包含着多少小分子的活动，也可以说是观察儿童的活动而归纳的。现在分述于下。

1. 以论理的分类法而分的，像美国哥伦比亚师范学院附设的幼稚园就是如此。该园课程分成下列几科。

（1）音乐。包括听、唱和玩各种极简单的乐器。

（2）节奏。包括跳舞、击节等动作。

（3）游戏。

（4）自然科。动植物、化学、物理、地理、天文等常识都在内。

（5）公民。本科即社会和家庭生活教材的本体。

（6）手工。使用剪刀、贴图、做泥土、缝纫，简单的竹工、木工等都有。

（7）图画。

（8）故事。

（9）谈话。

（10）读法。此科鼓楼幼稚园亦开始实行，惟国内采取者尚少。

（11）数目。幼稚生谈不到算术，只能数数目。

（12）旅行。

2. 以儿童活动为根据而分的，在美国已拟成一表，可以参考。其中分为五大部分。

（1）开始的活动。儿童初来幼稚园即需养成的各种习惯，如知道放手巾、帽子，认识教师等。

（2）身体上的活动。

（3）家庭的活动。

（4）社会的活动。

（5）精巧的活动。

以上两种分法，在形式上似乎大不相同，但是在实施上只要能活用，二者毫无分别。例如做一个请客的设计，以第一种分法，图画、手工、读法三科是做请柬和装饰房间；音乐、节奏、游戏、谈话，故事开会的时候用得到；如何做客，如何做主人是公民科；买东西、烧东西等就是常识；利用吃的物品，装饰房子的花草就可以教自然；计算来客，付买东西的钱是引起数目观念的好材料。再看看这个设计合于第二种分法吗？体力的、家庭的、社会的三项活动包含得最多了；做请柬、烧东西等不是要精细的活动？至于开始的活动，那随处包含在里面。

整个教学法[1]

现今小学和幼稚园里的教学法是怎样的？我敢说是不合教育的原理的，是四分五裂的，是违反儿童的生活的，是违反儿童心理的。什么国语、算术，什么社会、自然，什么图画、手工，什么唱歌、游戏，什么故事、卫生，都是分得清清楚楚，不相混合的。同一个教师教同一级儿童，教国语的时候，教蜜蜂；教图画的时候，教兔子；教手工的时候，教折船；教唱歌的时候，教《麻雀和小孩》；教故事的时候，讲《小猪过桥》。这种分科的教法是完全没有顾到儿童的生活，儿童的心理的。这种杂乱无章的教法弄得儿童莫名其妙，要知道这种分科教学法是模仿大学的。大学生的程度高、知识深，非分科教学不可的。但小学生、幼稚生则不然，教师尽管可以用整个材料去教他，不必分科教的。若要分科，那么，高年级可以采用，低年级则不宜采用的。在未说明理由以前，让我先来介绍一种新的教学法，这种教学法，暂名为"整个教学法"。什么叫做"整个教学法"？整个教学法就是把儿童所应该学的东西整个地、有系统地去教儿童学。这种教学法是把各科功课打成一片，所学的功课是无规定时间学的；所用的教材是以故事或社会或自然为中心的，或是做出发点的；但是所用的故事或关于社会自然的材料，总以儿童的生活、儿童的心理为根据的；这种教材最好一个教师教，一个教师不能教，二三个教师也可，不过时间稍难支配罢了。现在试举一例来表明这种教学法：

1. 先以实物引起儿童的兴趣：教师需预备一只乌龟、一只或两只兔子。

---

[1] 本文原载《儿童教育》1928年5月第一卷第三期。

2. 研究龟兔的生理特点……（自然常识）
3. 讲故事：《龟兔赛跑》，若儿童有别的龟兔故事尽管可以先讲。

龟兔赛跑

  有一天早晨，有一只乌龟从河里爬到岸上来玩玩，遇着一只白兔子。乌龟说："白兔哥哥早！"兔子也说："乌龟哥哥你早！"乌龟爬得很慢，白兔看它不起，说道："你走得这样慢，实在太不便当。"乌龟回答说："你不要看轻我，我走路最有耐心，恐怕你还不如我呢！"白兔听了，哈哈大笑，说道："怪了！怪了！像你这样走路，如何赶得上我，你若不信，我们就来跑跑看。"乌龟说："好得很，那边山上有一棵大树，看哪个先跑到。"

  正说的时候，来了一只花猫，乌龟就喊道："花猫姐姐，我们要赛跑，请你来做公证人。"花猫说声"好！"就走过来，举起前脚说："预备！一！二！三！跑！"

  白兔提起四脚，好像飞的一样，向着大树跑；乌龟也立刻很起劲地一步一步向前爬。白兔跑到半路，回头一看，乌龟远远的落在后面。白兔停下来说道："今天天气真热，且等我休息一下再跑，乌龟爬得很慢；万一追上我，我一跳就可以赶上它。"说了就倒在地上，呼呼地睡熟了。乌龟一息也不停，爬到那边，看见白兔睡着，就笑了一笑，再往前爬，不多时乌龟就爬到大树底下，坐了下来；那时白兔醒了，回头一看，不见了乌龟，就拼命地往前跑，跑到树边看见乌龟早在那里，就很惊异地喊道："你怎样会先到的？你怎样会先到的？"

  讲故事的时候可以用下页的挂图，这种挂图，需放大且需着色，以引起儿童的兴趣。故事讲后，教师可以把后面一两页的各种手工图、剪贴图、描画图、拼图、排列图、着色图、穿线图，一种一种地拿出来，给儿童拼看，让儿童做。

  4. 剪贴：儿童可将（甲）图内龟、兔、猫三种空白图先着色，着色后，剪下来贴在（乙）图的相当名词上，若贴得不对，就可以教他。这种方法，不但包含剪贴着色，也包含初步的认字。

5. 拼图：教儿童把拼图内的（甲）部先着色后，剪下拼起来，拼成像（乙）部的兔子一样，这个纸兔子的须和脚，是能够动的。这种玩法，也是儿童很喜欢做的。

6. 描画：这是一种轮廓图，有二种方法可以玩的。一是用铅笔依照轮廓在轮廓图下面的纸上描画一个兔子，后再着色。二是把轮廓图放在一张纸上，然后用蜡笔在轮廓上左右涂鸦，把空白的地方都涂掉，涂后，把轮廓图一拿开，在下面的纸上就现出一只兔子了，年幼的儿童最宜做这种活动的。

7. 排列：儿童可以把排列图剪下后在桌上或是在沙箱内排列起来，成功一个故事。

8. 着色：年幼的儿童可以把图着色起来，做学习画图的初步。

9. 穿线板：这也是一种手工，儿童喜欢的。

10. 表演：儿童可以把这个故事表演一下。

11. 画图：可以叫儿童把这个故事画出来。

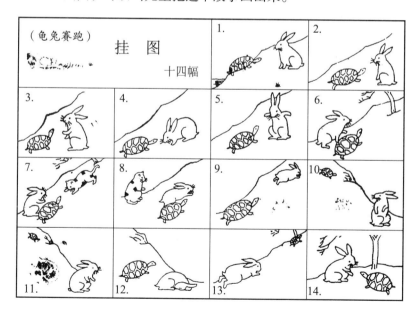

第三章　课程与教学

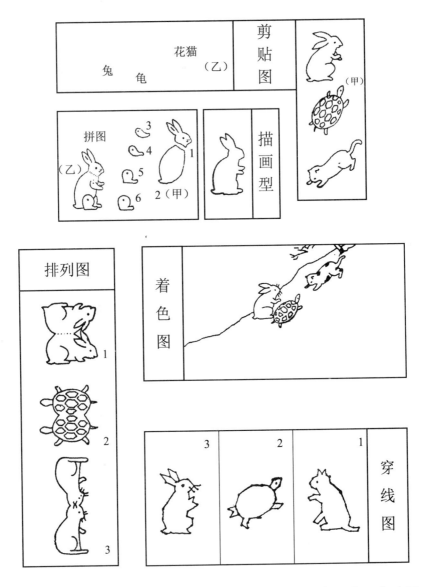

12. 课文：课文是绘图的，就是把上面印的故事一节一节地画起图，使儿童读起来更加有兴趣。

总结：看了上面的例子，整个教学法是有组织的，有系统的，是合乎儿童心理的，处处要儿童自己参加的，所以儿童就很高兴学，很高兴做。但有几点要声明的：(1) 这种教材很难编，就如这个例子中间没有音乐，理应有歌曲谱词，可以教儿童唱的舞的，但是我没有能力编得起来；(2) 教起来是很难的，就是教师对于各种技能都有相当的程度，不然，就不能教了；(3) 整个教学法所用的各种教材若无相当材料，不必勉强东凑西拉联合起来，以减少儿童的兴趣。

幼稚园的故事[①]

一、幼稚园里为什么要讲故事

没有讨论这个问题之先,请读者自己问问以下几个问题。

1. 在我的记忆里有最深切的故事吗?
2. 我为什么记得这些故事呢?
3. 这些故事对于我的行为上、思想上有多少影响?
4. 批评这些故事的价值。

"小孩子喜欢听故事,所以幼稚园要讲故事"。这是常常听得到的答复,也可以说是包括最广的答复。把这句话细细地分析起来,对照教育的原理,故事的价值实在很大。现在把各家的学说归纳如下。

1. 使儿童愉快。教育上的兴趣问题,各家争论了好久,反对兴趣的很多,注意兴趣的也很多。但是"真的兴趣"可以增加儿童做事和学习的效率,那是谁都承认的。讲故事使儿童引起愉快,引起读书的要求,模仿故事中的人物,改善本身的行为……都是真的兴趣,也是儿童愉快之后发生的效果。

2. 学习语言。"寻常谈话"是学习语言的大来源,但是有许多语言不是寻常谈话所碰得着的。故事里各种人物很多,各种动作也很多,形形色色,在当时儿童只觉得听了有兴趣,哪知道无意之中,就学习了许多语言。

[①] 本文系陈鹤琴和张宗麟合写,1928年5月曾作为《幼稚教育丛刊》第二种出版,1932年又收入陶行知、陈鹤琴、张宗麟合编,由上海儿童书局出版的《幼稚教育论文集》中。

3. 涵养性情。故事里形形色色的人物很多，喜怒哀乐的表情又很多，儿童听了以后无形中得到许多陶冶。有一个孩子，在幼稚园还肯做事，回到家里不肯动手帮助母亲。母亲来问幼稚教师，这位教师请她回去讲一个故事《猴子做糕》给儿子听。过了几天，她又来了，要求多多供给些故事材料，因为她的第一次试验已经完全收效了。

4. 增进知识，在幼稚园里要想如大学中学那样静坐听讲教科书，那是做不到的。各种常识，无论自然界里的花草虫鸟，社会上的喜庆丧吊，以及国家大事，世界变动，学校家庭琐务，都是故事的好材料，也只有用故事可以使儿童乐于领略这许多知识。

5. 引起儿童想象，并组织这些想象。没有一个儿童没有想象的，只要有适当的刺激。因故事而引起想象，那是很多的。不过儿童的想象往往会想入非非，变成幻想。幻想于儿童不很好的。倘若常听故事，儿童也常要想讲故事，可以把他的幻想组织起来，成为一个故事。久而久之，他的幻想就成了活泼的思想了。

6. 陶冶嗜好。幼稚生时代惟一的嗜好是"吃"。许多父母们只知道给他们吃，弄得儿童积食生病。我们一方面要免去儿童不良的嗜好，同时尤其要培养好的嗜好。爱听故事是好的嗜好之一。故事中的"歌""舞""找东西""爱自然界"等人物的描写，动作的叙述，都可以间接或直接培养儿童嗜好的。

7. 增进友谊。在幼稚生时代，好群的能力还不十分大，但是对于小宝宝、教师、父母，都有热烈的爱情。从这点入手，我们可以增进他对于更多的人发生友谊，对于更多的物发生感情。尤其是对教师，因为讲了故事，可以格外地爱慕。儿童的爱是真的，获得儿童的爱，在教育上是无上的成功，因为儿童既然爱了，那教学上的进行就很顺利了。

8. 抑制恶感。儿童很容易恨人的，很容易对一切事物发生恶感的。告诫是很少效率的，赏罚有时也会无效。只有故事是无形中来感化的，故事中的勇敢侠义、爱怜仁慈，都可以使儿童反省，都可以消灭种种恶劣情感的。

9. 培养发表能力。儿童的情感，常常要发表出来的。幼稚生的思想、情感……都可以在动作上发表出来。对猫也可以表情，对木头也可以发表思想，不必拘泥于写、说、跳舞、游戏、唱歌等动作。

10. 随机应变。幼稚生的急智，似乎是次要的。但是怎样应付当时的环境的能力，也应该培养的。故事中描写人物的应付环境，一言一行，都有相当的价值。又有很多故事，随机应变、触发急智的叙述，真会使儿童狂笑大叫。这时候就是儿童最能领略故事的当儿。

在对儿童的效率上说来，故事已有十件贡献了。此外还有几点也值得一说。一个幼稚园里，有了一位或两位能说能讲故事的老师，真可以使儿童变成故事迷，可以使全园的空气愉快活泼：时而歌，时而笑，时而跳，是何等可爱的孩子群呀！这时候全园的生趣，教师的快乐，儿童的努力学习，真是达到极峰了。

二、怎样对幼稚生讲故事

故事的功效是大的，但是故事是不容易讲好的，对幼稚生讲故事尤其来得困难。关于这个问题可分"讲的人"和"讲的环境"两方面来研究。

第一，讲故事的人应注意的几点。

1. 要精神同化。故事不是物质，乃是情感，充满情感，方才能够表示故事的真意义，方才能够收到故事的真价值。同一故事，甲讲起来，能使听众个个动神，乙讲起来，能够使人睡觉。怎样能够充满情感呢？讲故事的人最要紧的要守两句诀语："不固执有我，处处要以儿童之心为心"，"我是故事中的人物"。例如物语、兽语、重复的句子等等，在成人看起来，往往以为不值一笑的，但是从儿童的眼光看起来是最有兴趣的。又如儿童的动作，不是像岸然君子的动作，乃是活泼的、好动的、微笑的、滑稽的儿童动作，教师当然也不应以教师自居。又如《木兰从军》，教师讲这个故事的时候，勇敢、侠义、愤激、庄严……要宛如木兰，宛如兵士，宛如北方生活。那时候就是没有教师了，只有木兰，只有兵士，只有单于，只有哭笑的老父母，只有快乐的小兄弟……如此方配讲故事，方配对幼稚生讲故事，方有收到故事效果的希望。

2. 要彻底了解。要故事神化，第一个要诀是彻底了解故事的内容。得到一个故事，先从头至尾看一遍；然后把最重要的人物、动作、句子、变化，重来温习一遍；然后再来看一遍，把整个故事的注重点与连贯的地方贯串起来；然后把原文放置一边，心领神会地来温一遍。经过这几步手续，这个故事是你的故事了。最后还要留意：切勿呆板地拘泥于原文，要随时随地变化。换句话说，这个故事好像出于你自己编的，从心坎里自然流露出来的。

3. 要有感到十分兴趣的态度。要彻底了解故事的内容，有时还有些机械，还难以神化。若要神化，非讲者加上极丰富的兴趣不可。我们知道兴趣是故事的原动力，没有兴趣，正如小和尚念经，只会催听众的睡眠，断乎引不起听众的兴趣。讲故事者，倘若感到很浓厚的兴趣，那么方才能用全副精神去讲，不会觉得吃力了，不会支吾间断了。

怎样能感到兴趣呢？即熟悉故事以后，在未讲之前，保持自己心地的快乐，把自己变做儿童、变做故事中人物，时而哭时而笑。有了这几条，兴趣也就可以得到十分之六七了。至于突然感到的兴趣，那是不能强求得来的，正如诗兴，来则不能阻，不来也求不到的。

4. 要有自然的姿势与动作。教师讲故事，正如说书人说书，技术上的训练很重要的。善于说书者，一出场来，炯炯的目光，似笑非笑的脸庞，对着听众如电光的一闪，不论几多听众，都能肃然静听。这是听众注意集中的表示。听众既然注意集中了，他就可以操纵自如了。

在讲的时候，最重要的当然是言语（下节详论）。辅助言语的是姿势与动作。影戏中的人物，完全以姿势动作引人注意的。快乐的时候眉飞色舞，举动轻快；悲伤的时候，垂头丧气，引人生怜。又如左手一拉，右手一扬，马来了；龙钟老态，老年人到了等等，都是言语所做不到的。

此外，还有"装手势"的一件事，非常重要，在幼稚园里格外来得重要。我们说某件东西的大小，不必说明大到怎样，小到怎样；有尺寸的，有分量的，只要两手张开和缩小，再加上面上的表情，就已经够了。还有许多动作，言语表示不出来的，用手势一做，就显出来了。也有许多举动，用言语表示起来，要说好几句，倘若用手势来表示，也就很不费力地做出来了。

5. 要用适当的言语和音调。言语和音调是讲故事最重要的技术，所以要格外注意。

（1）字句要文雅。故事是艺术，是学习语言的一道。我们讲时一方面固然要通俗，使每个儿童都懂得；另一方面我们要极力避去粗俗的字句。用民众艺术的语言来说书，是社会教育的秘诀，用儿童艺术来讲故事，也是儿童教育的秘诀。

（2）注意句读和段落。读破句是文学上的大忌，讲故事虽然不必如此拘泥，但是不注意于此点，就会失却原意。例如《三只小猫》的故事，开场就说："有一只大黑猫。"这样虽然不是破句，但是已经失却原意了，因为这个故事是三只小猫，所以应该开场说："有一只大黑猫，一天生了三只小猫，一只叫花猫，一只叫黄猫，一只叫白猫。"一连说到白猫，方才可以停顿。

（3）字音清晰。口齿清晰，个个字都如珠落玉盘，这是引起快感的第一步。不然，圆舌头，齆鼻子，缺齿不关风，口吃，含糊的声音，讷讷不能吐的声音，在肚子里讲话的声音等等，都不是讲故事的天才。但是我们不必怕，因为口齿清晰是一件容易的事，除非生理上有重大的缺陷以外，都可以练习而得的。

（4）抑扬变化。时钟的摆声，清晰无比，但是只能催眠。所以语言声音贵有抑扬变化。悲壮的声音，决乎不是快乐活泼的声音；

在久久低微之后，忽然来了一扬，听者自然愉快注意；久扬一抑，用极轻微的声音，也有同样的效力，演说家很注意此道。

（5）快慢顿挫。把整个故事的快慢讲得匀整，是一条普通原则。但是应该有快慢不同的变化，有几处非快讲不可，有几处要慢。例如命令式的语气和病人的口吻，快慢当然不同。次之是顿挫，每段每句要有停顿，句句分明，段段分明，正如写文艺作品。快慢顿挫和抑扬变化，都是神化之技，非一时所能学得到。讲得多，听得多，久而久之，自然会流露出来的。

（6）形容毕肖。戏台上的小丑，一名"开口笑"，就因为他的话句句能使人笑。他的话都是模仿人家的，忽而做猫，忽而做狗，须生花旦，一身俱兼。讲故事的教师也要这样，猫狗鸡羊等的叫声，件件要学会。在正文滔滔不休的时候，忽然加了一两声动物的声音，顿觉生色不少。况且因此可以增进儿童的联想，对于实物格外感到有兴趣。

（7）调息与发音之高低。初做教师的，第一次上台，大声疾叫，不到几分钟，声嘶力竭，不能再说话了。在功用上除非有数百听众，用得着大声以外，寻常上课，实在只要寻常声音就好。对幼稚生愈加不宜用大声，因为刺耳的声音，断乎不能引起快感的，娇嫩的小心灵，哪里禁得起重大的刺激呢？

与发声高低最有关系的是调息，唱戏弄管乐器的人，对于调息都非常注意，气息调得不匀声音就会断续，要想控制语言已经不易，还怎样使听众感到愉快呢？

6. 常常练习。拳不离手，曲不离口，熟能生巧，虽有天才，也要练习。得到了好的故事，不妨独自一个人或者对着镜子，想象中有许多儿童倾耳静听，照着自己的理想计划，一步一步地说下去。能够练习几次就练习几次。这是极重要的工作，比知道原理学理还要来得要紧。

第二，讲故事的环境。

"环境"二字包含很广。教师、儿童以及一切外围之物都是环境。讲故事的环境,很有几点要注意的。

　　1. 随时随地随事都要留心,以引起儿童爱听故事的动机。没有一个儿童不喜欢听故事的,只看教师怎样利用环境,引起动机。环境上可以利用之点很多很多,例如到郊外去,儿童捉到了一只蝴蝶,要求教师解释蝴蝶的各方面。解释蝴蝶是自然科,倘若仅仅依着自然科来解释,未免太枯燥了。教师就用故事来说明。看到邻家生了三只小猪,就来讲三只小猪的故事。触景就讲,只要教师平日留心就是了。

　　儿童最喜欢报告家庭里所遇到的事情,这是一个很好的动机,教师很可以利用的。例如某儿童报告家里生了个小猫完毕以后,大家正在那里出神,教师微微一笑,说:"我曾经听到人家说过,有一只大黑猫生了三只小猫……"只要这样一提,儿童就会拉住你说下去的。这时候你倘若不往下说,他们竟会伤心到哭呢!

　　吃点心的前后是一个极好的机会,大家静坐了,教师对儿童微微一笑,手势一扬,儿童就受到充分的暗示。这时候就可以开场说故事了。

　　看图是儿童很喜欢的。最初呢,儿童莫名其妙地翻阅,渐渐儿童要求教师解释,这也是一个好动机。因图说故事,随你心之所要说的,加以组编,儿童都是极爱听的。可以利用的机会真多,何必把讲故事当做一课,规定在某时某时呢?

　　2. 不要强迫儿童听。儿童不是全都喜欢听故事的,年龄太小的儿童,看图画,辨别语言能力低,断乎不可强迫他听的。会听故事的小朋友,也不是每个故事都喜欢听的。有时候恰恰因为身体不好,有时候恰恰这个故事不合他的胃口,强迫他坐在那里听,那么他必定不耐烦起来,或者竟会扰乱别人。久而久之,养成了厌恶故事的习惯,那么危害真不小了。

　　3. 人数不能过多。人数多了,教师的目光和面部的表情,都难以达到全体,儿童的注意力就不会始终如一。有许多故事用图画来帮助,人数的多寡愈加有关系。人数多了,看不遍看不全,更是听不清楚。

故事与儿童年龄大有关系,一群三四十个儿童,年龄相差实在可观。所以起初还好,不久就扰乱了,不扰乱的儿童或看天花板,或弄手指,不知教师在讲些什么。

每次每个教师可以管的儿童大约是十五人。儿童倘若愿意来加入,也不可阻止他们。不过有一点应该注意的,切不可让儿童中途退出。教师倘若觉察故事太长了,或机会不巧,儿童兴趣失散了,宁可中途停止不讲,下次再讲,不可养成儿童随便听听,随便走开的习惯。

4. 座位的排列。这是一件很小的事情,但是有时候竟会影响于全体。最适当的座位是儿童坐成弧形,教师坐在近圆心点。倘若人数很多,双行三行都不妨。这时候要留心儿童身体的高矮。

我们每次讲故事都要依着规定的形式坐吗?不,不!太拘于形式,就会减少兴趣。未开讲先排座位,座位排得不小心,就哭的哭,怨的怨,这是何等扫兴的事呀!所以我们只要求个大致不错就罢了。

5. 讲故事的用品。说到故事本身用不到什么用品。但是为着助兴起见,有时候也需要些用品。

图画是一件很好的用品,初听故事的儿童,大都是不能集中注意的。用了图画,使儿童因爱看图画,于是爱听故事。不过用图画大有研究的价值,我们应该用什么画?是漫画呢,还是精致的画呢?一个故事用一张图呢,还是分段的用图画呢?教师是难以有余暇来画的。现成材料在中国是不多的。所以我们希望讲故事有图画,但是不希望"非有图画不讲故事"的教师。

次之是表演用的材料,不必买外国的服装,也不必买外国的用具。扮演兔子的用纸来做兔子头,折一个戴在手指上也好,戴在头上也好。幼稚生可以来动手的。教师也可以来动手的。教师倘若预料这个故事儿童会要求表演,不妨做一二件来引起他们好表演的动机。

6. 教师的服装。好的幼稚教师,决不穿着华丽夺目的衣服。讲故事的时候,尤其要注意衣服。讲故事之前,教师切不可突然换一件衣服,因为儿童的注意点会引到衣服上去的。闪光的衣服,大红大绿夺目的服装,都是有妨害于讲故事的。

三、幼稚生爱听什么故事

本节要讨论故事的组织、故事的种类和最适宜于幼稚生的故事是什么?

1. 故事的组织。我们承认好的故事是艺术作品,是有规则的艺术作品。这种作品并没有一定的组织的,但是把许多故事分析起来,可以得到一个比较可靠的公式如下:

开场白→正本→转机→结案。

开场白往往都是简短的,例如西洋最通行的儿童故事中有 once upon a time(有一次),何等简单。但是也有长的,例如要叙述战争的残酷悲惨,不妨在开场白中极力描写平安时代的安宁康乐。但是这种体裁,在儿童故事中不很多见。

正本是故事的正文。在成人,故事以叙述明晰、事实逼真为上;在儿童,故事有时候往往用重复的句子、相仿的动作来组成正文的。例如《猴子做糕》,正文中请狗做,请猫做,请鸡做,请老鼠做各种事情。

转机是快到结案的一个波折。例如《猴子做糕》的故事。

糕做成了,猫也要吃,狗也要吃,鸡也要吃……是故事的转机，经此一转，故事就可告结案了。

结案要简明，有许多故事只有一二句。例如《猴子做糕》，只有"我倒不情愿了"一句就是结案。结案最要紧不背转机的意思，切不可添加道德训语进去。如《伊索寓言》故事，把故事的寓意很显然讲了出来，使听者扫兴。要知道故事尽管可以包含至理大道，但必须在讲时隐隐地披露出来，不必在故事讲了之后添一句教训话进去，使儿童觉得你是要教训他，不是讲故事的。

2. 故事的种类。故事的种类很多，但是我们常常讲给儿童听的故事不多。下面所列的几种，大都常常可以遇到的。不过下面的分类却是没有绝对的界限的。

（1）物语（nature tales animal tales）。这类故事，讲得最多。外国儿童故事，物语占大多数的。这种故事，教师倘若看得多了，可以触景生情地来编。有时候，东边的材料移到西边，使听的儿童非常快乐。

（2）有音韵的故事。这类故事并不多见，但是儿童非常喜欢听。因为故事完全是讲的，有时候会发生单调之感。中途加入几句引嗓高歌或温言软语的唱，儿童不是勃然兴奋吗？我国成人曲很多，儿童曲绝无仅有。外国歌很多，近来翻的人也渐多，可惜都不很顾到儿童的口吻，这是一件美中不足的事。例如《老虎敲门》的故事，可算此类极好的故事了。

（3）神话。神仙鬼怪，层出变化，使儿童听了还要穷究，穷究不得，又生出几多门道来。变而又变，不可捉摸，才是有趣。例如我国的《西游记》，就是一部最好的儿童神怪小说，可以说是世界上首屈一指的儿童故事书。

（4）奇异的故事。神话是做不到而想得到，极为有趣的。这类故事是想不到而做得到的。例如，《镜花缘》的多九公奇谈，虽然神怪，但是究竟还是做得到的。又如《鲁滨逊飘流记》也有同样的性质。

（5）英雄故事。六岁左右的孩子，已经渐渐能崇拜英雄了。我国江南人的崇拜岳飞和关公，几乎家喻户晓，孩子们听到这类故事也很喜欢，并且常常以关岳自比。这类材料很多很多，不过大都没有经过艺术化的。很希望有人来重编，使它儿童化与艺术化。

（6）历史故事。与英雄故事相仿，不过往往与人类有直接关系的。例如：《人类的衣》《海滨人》《树居人》等等。这类故事是常识的教材。不过幼稚生时代观念是极少的，所以讲这类故事的，与其是事实的叙述报告，不若用滑稽神怪的体裁来描写。

（7）笑话。要说得儿童哈哈大笑，那是一件极不容易的事。对于儿童说笑话，不能咬文嚼字，也不能用前后词句的破句体裁，是要直接对比的。一个大冬瓜，生在一块小田里，只有这么大的小田（说时用两手一装手势），一个小老鼠来了（又用手做小老鼠的样子），一吃二吃……这个故事大小相比，吃与大又一比，儿童就会笑了。

3. 幼稚生故事的特点。"幼稚生往往不愿意听故事的，怎么办呢？"我们一方面要研究讲的方法，一方面是要看看故事的内容。下面有几条标准，可以来绳度幼稚园的故事。

（1）富于动作的。静止物体和风景的描写，幼稚生是不能欣赏的，也不耐烦听的。儿童自己是好动的，他也喜欢动的东西，更喜欢有变化的动作。动作的主人翁是很重要的，有许多故事只有一个主人翁的，他的经历，就演成一出极好的故事。有许多故事，主人翁只有一个，动作也极单调，但是陪客极多，这个故事也就非常有趣了，例如老鼠要尾巴的故事。又有两个主人翁，动作不同，一好一坏，对比起来，凑成极有趣的动作。至于多个主人翁的故事，在儿童故事中不易多见。大都是多个主人翁而简单的动作。倘若多个主人翁而又有多个动作如十兄弟十姊妹，那就非常难编了。

（2）人物情节要在儿童经验范围以内的。听故事要儿童费心思去思索，那就减去不少兴趣。例如对儿童说天文地质，如何能使他领会呢？以愉快为前提的故事，决不可拘泥于知识之传授。

有人说故事是想象中来的，不应该只靠固有的经验。这句话也是似是而非的。我们的想象都是离不了经验的。利用最熟悉的经验，东拉几点，西拉几点，可以凑成极有趣的想象，也就是极好的故事材料。如果我们讲的故事，儿童听都听不懂，哪里会发生快感呢？

（3）富于本地风光。本地故事，儿童往往喜欢听。这也就是因为本地故事中的情节大都是儿童所熟悉的缘故。例如浙江徐文长先生的故事，苏州的吴谚，都是极好的故事材料。

（4）切勿带着很多的道德训义。寓言体的故事，在儿童队里是不受欢迎的。故事就是故事，儿童听故事就是为着听故事，不是为着受道德的训诫，失却故事的本义，如旧日学校上修身课的古圣昔贤的逸事，那是很不应该的。

以上是材料问题，以下略谈组织问题。

（5）全篇一贯。故事是艺术。艺术作品是有主要点的，有线索的，故事中可以东西随便讲，但是不能失去主要点与线索。杂凑的故事，当初儿童很喜欢的，不久儿童就会问"老师，你讲的是什么"的。

（6）突然变化。全篇一贯是主要点的一贯，同时这个主要点可以突然发生变化，使儿童惊奇的。例如《猴子抢帽子》的故事，帽贩到无可奈何的时候，忽然掷帽于地，猴子都掷下帽来了。这一变使儿童个个称快。

（7）开门见山。"有一次"的故事最合幼稚生的胃口，他们听到故事，就愿意立刻知道内容，而不耐烦去深深地寻思的。所以有题前的描写、背景的叙述等等故事，大都不容易引起幼稚生注意的。

（8）结果显然。幼稚生听故事，不愿意没有结果的，虽然不是一定要花好月圆的故事，但是故事中的主人翁或主要事情必须得有一个结束。并且在结束之前最好有一个转机，这个转机可以很滑稽，也可以突然发生的。例如《拔萝卜》的故事里，小老鼠拉住小猫的尾巴，大萝卜就起来了。这个是很有趣的转机。到结束的时候，除大家吃一碗萝卜汤以外，听故事的人也吃了一碗萝卜汤。这样一来，结束得何等有趣，有时候竟会使全体儿童向讲者讨萝卜汤吃的。

（9）富于重复性的。这点是幼稚园故事最特别的一点。所谓重复，不但是语句的重复，就是动作、事物、情节、组织等等，在同一故事里，都可以重复起来的，但也并不是完全重复或丝毫不差地重复。这种体裁，非但不能用于成人，就是稍长的儿童，也会掩耳不听的，然而幼稚生极欢迎这类故事。

以下再来略言词句。

（10）词句要简短明了。复杂的叙述，冗长的描写，幼稚生是不懂的。所以给幼稚生讲故事，词句的文法要简单，句子要短巧，同时将意义要赤裸裸地表示出来，有时候也用几许暗示，但是这些暗示，也要容易猜得出来的，方才合理。不然，儿童不了解你的暗示，非但失去暗示帮助故事的作用，并且将故事本身都减色了。

（11）词句要合于原意。例如篇中有许多东西，黄雀、猫、老鼠、小孩子、老头儿……诸种人物，各人的言语、行动、性格……都要有特性的。用黄雀来代替老鼠，小孩子来代替老头儿，那是不对的。还有一层，各人在故事中所居的地位不同，有的是主人翁，有的不过是陪衬用的，有的有出奇制胜之功，在词句上都是要经过儿童化而仍有相当适宜的价值的。

（12）插入有音韵的词句。在故事的叙述里，插入有韵的词句，最足以引起儿童的兴趣。可惜这类故事我国不多，以后我们当注意努力于此点。

总之，儿童故事的词句，不要失却"儿童化"。猫也好，狗也好，老头儿也好，都要经过"儿童化"。

四、每个故事都可以表演吗

读者必定看到过许多戏剧与学生表演的，请先想一想：普通戏剧与学生表演有什么分别？歌舞剧与普通戏剧有什么分别？很小的儿童能够表演吗？每见儿童戴着鬼脸，挂着长须，是什么意思？在没有讨论为什么要有表演以前，我们先下一句极肯定的断案："幼稚园可以有表演的。"

首先，我们来讨论为什么要有表演。

1. 从儿童方面来说，儿童从能行动开始就喜欢表演。儿童是好动的，也是好模仿的。他听了故事，狗呀，猫呀……在他以为就是自己，于是装起来了，脸也画黑了，脚也跷了，这就是所谓化装游戏。在他呢，是只有这样做是快乐的，没有其他的希望，也没有其他的要求。表演爸爸的，看到了好吃的糖果，还是要来争吃的。表演皇帝的，还是自己拿凳子的。所以"得快乐""好动"是儿童要表演的最大理由。

2. 社会方面的刺激。常见儿童看了戏回来，唱关公了，唱花面了。这是刺激儿童好动、好模仿的大来源。有时候爸爸抱孩子，妈妈喂弟弟，在常人看起来是一件极平常的事，孩子们却把它当做一件奇异的事来看，于是也来做了。听了故事，加上教师的暗示，安得不极兴奋地来表演呢？

3. 在心理学上分析起来还有很多的理由。但是我们只要承认儿童的好表演，社会上刺激他们表演，讲故事的教师又暗示他们表演，那就处处可以表演，事事可以表演了。

其次，我们要讨论怎样使儿童能够倾全力来表演而得到相当的好处。

1. 引起动机。教师讲了一个故事，看看儿童们很有兴趣，就暗示儿童来表演。暗示的方法很多，在讲时只要提到某人很像某某的，这样一来，那几个儿童必定要求表演了。或者请儿童看别人家的表演一次，或者给他们看图画，也可以引起动机来的。

2. 预备材料。儿童既然要求表演了，那么来计算这个表演里要些什么，帽子、衣服、花……计算好了，那么开始来筹备，幼稚生能力虽然薄弱，也觉得有几件做得来，就帮着他们来做。这时候的做，必定更加用力，做的成绩，也比普通一般来得好。

3. 分配人物。这是一件不容易的事,用命令式的分配,必引起儿童不愿意做或嫉妒的事情。到那个时候,这一场表演就不能开始。分配人物的方法很多,不外暗示与自己承认两法。例如拣选故事里主要人物可以说:"某某(故事里的人物)很像小朋友里的一位。"儿童就会猜出来的,这个人就不致发生问题地肯做了。这就是暗示法。指派其他诸人,可以说:"某某(故事中的人物)哪个愿意做的?"必定有许多小朋友举手,那就来指定一个。

4. 充分地练习。"表演容易练习难",所以在练习的时候往往容易中断。幼稚生的表演,尤其不易使他们维持。在练习的时候要注意下列几点。

(1)预告目标。例如这次表演我们预备在哪个会里去登场的,或这个表演预备同什么组竞赛的。

(2)分段练习。可以表演的故事,大都比较来得长些。当初可以来几次整个的练习,以后就要分段了。

(3)分期练习。用同样的时间,倘若在一次练,与分做几次练是大有分别的。每天可以练习几次,但是必须相隔几多时,最好是分做上下午练习。

(4)因材料而练习。倘若故事里需用材料很多,那么这些材料,切勿一次都买来或做就。许多东西分做许多次数做成。做成了一两件,就来练习一两次。今天有新东西来练习,明天又有新东西来练习,那就容易引起儿童练习表演的兴趣与努力了。

(5)总练习。练习分三个步骤。第一步是总练习,第二步是分段练习,第三步(最后一步)又需总练习。这是很重要的。有时候可以在分段练习的期内,忽然来一个全部练习,又继续分段练习,到最后再来几次总练习。

5. 正式表演的机会。给幼稚生在各种会里表演,足以引起他们好表演的兴趣来的。况且幼稚生不应该被人轻视的。所以遇到相当机会,必须让他们正式表演。

末了,我们要讨论每个故事能否表演的问题。关于这个问题,又可以肯定地回答一句："不必每个故事都来表演，也不能每个故事都来表演。"幼稚园里表演故事至少要合于下列几个条件。

1. 故事的本身要动作多，说白少，甚至用哑口表演都可以。

2. 故事要简单明了，切勿有深奥的哲学意义与道德训诫。

3. 动作人物要变化出奇，不是呆板的。

4. 每个故事倘若预备表演了，就应该做一个设计的单元，至少要用这个来做各种活动的单元。一切做的，画的，读的，……都以此为着眼点。

5. 每星期可以讲十几个故事，但是每星期至多练习一个正式的表演。

图画教学法

这次讨论分为历年试验之成绩及我国现有教本问题,因此说及图画教学之原理。

一、最近四年试验之成绩

此项试验大半在鼓楼幼稚园进行的,所有学生图画成绩,皆保存于一箱,每张注明画的年月日、姓名,及其画时之一切情况,如有否教师帮助;写生、临画;未画以前有否看过何种图画;有否听过故事、看过事物等等,以便将来整理时进行检查。今已整理一部分——一鸣所画的人形画之发展图。一鸣自一岁零一个月即在家受执笔学画之教育,今已五岁有余。兹将其四年中所画之人形画整理了 35 张,细观此数十图可得以下之原理。

1. 儿童初步之字画与普通成人不同。儿童初步之字画为自左上方右行而渐卷入内心,不像成人写字之顺序。此事今日虽为极不引人注意之事,将来必为教育上极重要之问题,我国字画笔顺大概自左而右,自上而下,究竟合于儿童心理否,亦属问题。

2. 儿童所画的,最初必为外形,如画人头,必先画一个圆颅,眼、鼻、口、耳等非初画所能。

3. 儿童画了外形以后(在画外形以前,当然是不成形之想象画),然后加增各部的事物,如人头中眼、口最先能画,次之为鼻、耳,再次之则为发与目,然后有手、足。手之地位,往往与耳相近,且有高于耳者。足则大概在头之下端。

4. 身外之物是否比身内之物迟发达,此为一问题。例如衣服之发现,竟能早于手;手中所执物件亦能早于足趾、头颈之发现等。

然而某部身外物之发现，必迟于某部之本身，或同时发现，如手中执花，手必早于花之发现，或手指与花同时发现。惟各物所发现者必先为大概的轮廓，然后渐及小的部分，如衣服之发现早，而其中之纽扣则甚迟。

5. 一切儿童画，当初必为静状，如人则必为呆立，有时甚至已能画故事画，其姿势亦为静状。至何时能画动的姿势，此时尚不得知。

6. 儿童只能画平面画，虽立体事物，亦放入平面，如人骑马，两脚必同在一边，一如马腹能透明者。所画物件，无远近之分——如远者小，而近者大。亦无明暗之分，据西洋研究儿童画之结果，远近与明暗至早需在七八岁始能开始，至 10 岁则大半能明了。（参看吕澂编《图画教材概论》第 84～99 页）

7. 与前项相似者为侧面画之迟发达。儿童所画大概为正面画，能画侧面画时不知需经过多少步骤。一鸣之人形画中，至最后一张始为侧面画——人抬轿。即写生之照相亦非全部之侧面画。盖儿童所能记忆者必一一笔之于纸也。

8. 儿童所画者必为常在其经验中的，若该物非常在其经验中，或不能入于经验中者则不能画出。如一鸣画船，船之见到与坐船，已早有经验，然而终不能画出。至三岁十个月坐后湖之船，看长江之船，始能画出人坐船中，此船又为直立，而非横陈于水面者，正如佛龛。其将水之画法已很可观。据美国寇生修蒂那氏之调查，儿童画以人物画之发现为最先，次为动物等等，此言是否符合一般情形，亦难断言。

9. 儿童初为记忆画，就其从前所有经验而画，虽有临本与实物，不能照临，亦不能写生。

10. 临画比写生画可以早养成，此中当然有程度深浅之别。惟临本之画多为平面的，而写生则需立体。且临本可以一目了然，而写生则逐步观察，大非易事。

二、教法及教本

讨论图画教法之书甚多,散见于各种教法教科书者尤多。有吕澂编《图画教材概论》内亦有许多材料可以采取,而于教本,吾国各书坊出版甚多,然而多半不合儿童学习心理,其中以商务印书馆出版形象艺术教科书则差强人意。其中特点如下(抽出其第一本为例)。

1. 暗示。书之第一图即为儿童看图,暗示儿童画图。
2. 着色。西瓜之轮廓,可以着色(着色为他种教本上所无,而此步实为儿童学画最重要手段之一)。
3. 比较。有几个人形请儿童自己比较,何图最佳,以促进其自己图画之改进。
4. 填图。如兔儿拜月亮、盘中加果品、有船无桨等。
5. 形状。辨别方圆虽非图画之本义,然而于观察极为有益。
6. 变化。以鸡蛋可以变为小鸡等。
7. 以手工为助。与手工联络最易,例如第二册中之请帖,第三册中之贺年片,等等。

统观全部,其优点甚多,例如数图之中,加入几帧名画,以引起儿童欣赏,倘教师能略略提醒,儿童即能展纸涂笔矣。

关于 6 岁以下儿童之图画教法。6 岁以下之儿童是否能画图,此问题已于前节解答,能作图,且能作极有意义之图。既有画图之能力,教师是否应用教学法而指导之?此问题至最近始得了悟。从前我深信,有纸有笔,儿童必能画;示以图样,告以画物,儿童必能画成;虽初时画不成形,然而自己之试验,必较胜于成人之帮助。此我教一鸣所取之方策也,孰知近来发现此说之不能行。次女秀霞,进幼稚园半年而不能画一极简单之人头,若以年龄而论,则比一鸣小,但一鸣在这年龄已能画成许多形状。一夕我教秀霞画人头,不到十分钟即能画成,于是始悟教导之于学画之功。盖一鸣之画图，虽曰不教，然而居旁则常示以途径者也。倘一鸣能早用善法以教之，其成绩必优于今日。

既知要教，则应如何教？以下诸点，大半为经验谈。

1. 引起兴趣。环境虽丰富，而无人以指引者，儿童虽已发生反应，虽有纸笔，欲儿童画成一物则不易也，引起兴趣之方有三。

（1）看图。示以富于美术观念之图，倘能带有暗示其图画者尤佳。

（2）暗示。纸笔既成，成人执笔先绘，示以此纸笔乃有用之物，且可绘成有趣之形，儿童见之，必跃然欲试，既欲试矣，成人仍需与之同画，以维持其兴趣。

（3）鼓励。非以甜言蜜语使之自傲，亦非以食物玩具，作为交换品，可以本人前后之图使之对比，或贴于墙上，或用盒子为之保存。若有客来时则示之，虽非力赞，然而只此淡淡数事已能使儿童喜跃矣。

2. 几种心理化的教学法。何谓心理化的图画教学法？由简单及复杂，由圆、方等形状及于人物、鸟、兽。在昔之图画范本，大都如是。何谓心理化的教学法？以儿童自动的图画成绩为根据，分析而得之结果，再经归纳而成教学也。兹述其数条如下。

（1）儿童学画，非由简单而及复杂，如画直线而方形而圆形，然后画扫帚等，儿童必须画成一物，如人头、马牛等物。然而此中又有区别，例如画人头，不能在一个时期内件件教导，当先以几件为基础，如眼、口、鼻等，然后渐渐增加耳、眉、发、手、脚等。此为弥勒氏所定原则之一。

（2）与前条相仿佛者为儿童能画之物非普遍的，只能限于相当之数种。此事可以搜集许多儿童创作画，分析而得几种人物，然后研究此几种人物之画法，如拟定进步之标准、画法之先后等等。

（3）记忆画发现甚早，故儿童最初学画时不必有临本，亦不必有标本以写生，然而儿童记忆非常容易错误，当就其已成之记忆画，与以实物或范本之对较，则其效甚大。

（4）临画与写生，从前人则极力主张临画在先，写生在后，近来则适得其反，吾国小学界亦渐风行写生画。二者在幼稚园皆不甚适宜。若以发展之先后而言，则儿童能临实早于能写生。盖写生为立体，儿童所难能，若简要之临本，多于平面，较易为功。

（5）校正之功甚大，例如初画手脚者，其手之地位往往与耳相近，此时急需指正之。校正之法甚多，例如示以实物，示以范本，使儿童自己改正；教师用各色之笔代为改正，然后再令其画一张。若有图画标准者，则教师可以请儿童自己与标准相对较。

（6）图画非每次必须儿童画成一形，更非单独使之画成人物。有时可以使图画与他科联成一个教学历程，有时可以使之观察人物等形状，其方法有。

① 着色。教师预备成轮廓图，使儿童着以颜色。此为学习颜色与观察人物之形状等。

② 剪图与贴图。凡旧杂志上之图，可以依界线而剪，更可贴在另一空簿子上，此为手工之一种。然而亦可以使儿童明了物形，且可以将剪下之图贴成故事，以表达其思想。

③ 拼图。教师预备人物部分图，散居于一纸上之各部，使儿童剪下，然后拼成整个人物形状。

④ 与故事、图画、歌谣等联络教。凡教学能联数科同时教导时，功效尤著。教师若因故事等教图画，一方可以使故事等分外明晰，在图画方面，可以引起其好画之动机。或者利用其剪贴等动作，而教导故事等。

⑤ 吾国旧日教书法，颇注重影范字，教图画则未闻此法。此法究竟可以行于初学画之儿童否？迄无解答。然而偶一为之，可以引起儿童形状观念，亦未始不可，惟不宜多行，多行会失去其独立画图之能力。

3. 几种绘图必需之知识。绘图知识甚多，艺术专家，穷攻一生，有时仅能得其一者比比皆是。今之所论，以儿童能力所能及者为标准。

（1）形状。方、圆之形不必教，儿童自然能领悟。此处所谓形状乃人物之形状。其方法详见上述数节。

（2）颜色。颜色可分三部分教导。教以颜色之名称，知如何利用此画色，一也。同一颜色有深浅之别，或各种颜色亦有深浅之别，如黄为浅色，而赤为深色，二也。二色或二色以上之配合，能成第三种颜色，此为调色，在水彩画中用之甚多，三也。此三种颜色知识，儿童皆可学其初步。且应该学其初步。

（3）远近。远近之别，据美国人调查，以为需9岁以上可以教。此事大约在普通儿童乃如此。倘有较优之教育，大约可以提前。明了远近，在图画上可以帮助不少。

（4）大小。辨别物形之大小，发达甚早，若在图画上能分大小则非易事。倘能分别绘成大小之形者，有助于明了远近者甚多。

（5）明暗。此为西洋画上最紧要之点。放物体于日光中，使儿童辨别明暗，此事可以帮助图画上之技能。然而在6岁以下之儿童，是否需要有明暗分别之绘画技能，实为问题。至于使儿童观察实物上之明暗，及图画上之明暗，则于儿童常识上有益，当然应教，在实际上亦能教。

读法教学法

幼稚园课程中添设读法一科，为最近数年之倾向。从前6岁以下儿童是否可以教读法之疑问，今已完全解答。惟幼稚教育本身难以引起世界教育家之注意，故研究其读法者亦因之不多，较之研究小学读法者之项背相望，不可同日语矣。兹以极短时期研究所得之毫末小点，作本次讨论之材料。以下分为原理、方法及经验三项讨论。

幼稚园读法教学法原理之一斑

无论中外人士，皆视读法为人生必需之技能，其重视之心，竟有以儿童入学只学读法一科者。今日小学以上之学校，犹视之为重要科目之一。故历来研究者甚多。关于教学法、教学原理及取材等，莫不有精密之试验。非但教育家注意于此，即生理学家与心理学家亦有牺牲其毕生之精力于此者。如字与字、行与行间距离之研究，朗读与默读之试验，皆非教育家单独所能收功。及至今日读法教学之发明，可称丰富而无愧。惟所有成绩，类多小学以上，吾辈幼稚园中，只能引用其极普遍者，且有极普遍而亦不能引用者，如默读胜于朗读之原则在幼稚园中即不能引用。嫩芽初放，涓涓始流，诸般原则，正有待于试验。兹之所述，乃蜕化于儿童心理学及普遍读法教学者也。是否有当，非经试验不可。

1. 利用游戏心。儿童之好游戏，无日不然。若以广义的游戏言之，化一切工作为游戏，此为做事者临时心境问题。教读法时之游戏，乃狭义的游戏。将教材编为游戏，或将游戏放入读法教材。例如，猫捉老鼠为极普通之游戏，若附以歌词，即可教读法。认方块字，吾国旧法也，若制成骨牌，则可以变为种种游戏。当游戏时，儿童只知游戏，不觉认字之苦矣。

2. 利用图画。展纸作画，翻阅彩图，涂抹白描图等，皆儿童之所喜。教师可以于图画中写以读法。如以字象形，马（馬）字之四点指为马脚，鸟（烏）字之头指为鸟嘴与眼。见彩图而教字，社会上用者甚多，如看图识字等。至于涂色而认字，此中又加有动作步骤，教学尤易。

3. 利用手工。依普通教学原理而言，凡经过儿童动作之学习，方为真切。手工之动作，手动眼看，若附加以有目标之学习材料，收效必大。然而，幼稚生因年龄关系，能做手工之种类不多，故有助于读法者，转不若图画之多。其中如剪图、贴图、穿线、排字等均可插入读法。

4. 利用故事与歌谣。故事与歌谣，皆为幼稚生时代特别之好尚。采入读法，两受其益。惟故事与歌谣能兼以表演者，其收效尤宏。

5. 读法非单独的。读法非独立的一语，已为近世小学读法教学上之公律。读法即儿童生活表演之一部分，其关系于各科至为密切，换言之，即各科莫不为读法之材料也。学校中读法当与其他各科联络，成为一个历程。夫小学以上之读法科，因儿童已有几许自读之能力，尚能教独立之读法，如欣赏之类。而诸家尚大声提倡当与各科联络。至于幼稚生则丝毫不能欣赏纯粹文学，若与各科脱离，必难存在。故幼稚园之读法，除与上述几项联络教授外，其他如自然常识等，皆当随时随地与读法相联。

6. 需合于儿童经验。非儿童经验所有者不能领会，吾侪儿童时所读之《三字经》《千字文》，虽然熟诵，然而毫无意义。当时只知读熟之后，正如还清重债，可以自由。倘所教者件件出于儿童经验者，则儿童于字、句间，必起惊奇心。即实际之事实，通常之语言，可以现于纸上，因而纸上之符号与实际之事物语言相合矣。

7. 施用设计法。使各科归入整个而教学之，且切于实际生活者，为设计法之特长。幼稚园课程，渐渐趋入设计化，倘能采用此法，则与各科之联络，方为自然的而非勉强的。且更能切于实际生活。

8. 引起学习的动机。设计教学之危机即容易失去练习之机会。有时便应加重注意之点，竟能一瞬即过，此等动机，教师当注意之。在未引起以前，当设法引起；既引起以后，须设法维持，充分利用。

9. 先利用耳听与口讲。4岁以上之儿童，大概能了解当地之方言，且能说当地之语言（虽有文法之错误，而其学习之能力甚大）。经过儿童已有工具之练习，再行翻入纸上之符号，其效率必更大。

10. 利用想象。平铺直叙，在文学上已属大忌。在儿童之读物上尤宜避免。幼稚生富于想象，往往能与偶人语，能捏沙请客，亦能与环境内诸物通语。此等活泼泼的想象，写在纸上，在成人视之，虽属荒唐无稽，在幼稚生则欣然愿受者也。

11. 语调自然，情意逼真。儿童有儿童之语调，亦有儿童之情意。经书之所以不适宜于儿童者，以其非儿童之语调，更非儿童时代经验所有之材料。文言文所以不适宜于低年级儿童者，亦因变更实际语言之故也。虽然白话文非全能合于儿童者，其间如欧化体之白话文，其难正与读经书同。幼稚园之读物，虽有叙述事物，必甚简单，正如其语言，倘能费一年之功专录幼稚生之谈话，对于编辑读物上必有极大之贡献。

12. 教句子需留意诸点。幼稚生不能教单字，已屡说不鲜。起初即可教完全句子，且须教整段的材料，私塾中强分段落以教学生，此事实悖学习原则。至于读全部分之材料时，亦不必分析其篇中文法与结构。更不必希望儿童全篇中每字皆能认识。

13. 复习之机会需多，且需出于自然。幼稚生一字之认识，在最初时至少当有20遍之复习，及既有几多基础字则容易，然而无相当复习机会者，必难以认识。如何复习，在小学读法教学上言之甚详。幼稚生是否可以采取其方法，如阅读其他材料等等，殊难臆说。若以原材料之复习亦未始不可,然而次数不能过多。今之所得者为一篇材料内重复字句之增多,及随时随地之复习。重复字句之利用,在故事上已占极重大之位置,读法能利用此法者,其功效必大。例如,商务印书馆出版之《儿童文学读本》,所以称为佳本者,字句之重复亦其优点之一也。

14. 不能使有一次之错误。开始时之错误,将来改正甚难。例如江南语之"一二"为"一两",因此,在文学上之"二"字,儿童也往往读"两"字,教师起初以为无大关系,孰知习惯既成,即难以改正,幼稚生于字体上最易错误,如马、鸟、车、草等,中有笔画相同者易成错误,教师需立即改正之。至于如何使之改正,通常用比较法使儿童自己判断,教师从旁指出其相同异之点,倘能出以象形之指正者,其效尤大。

儿童玩具与教育[1]

玩，是小孩子整个的生活。两三个月大的小孩子，就要在床上不停地动手踢脚，独自地玩。到了五六个月的时候，看见东西就要来抓。再大一点，就要这里推推，那里拉拉。到了会爬会走的时候便不停地爬来爬去，走来走去。到了三四岁的时候，玩的动作，更加繁多，方法也与前不同；从前只会拿木棒拖着敲敲，现在要把木棒背着当枪放了。到了八九岁的时候，喜欢和同伴玩拍皮球、打棒、踢毽子等竞争游戏。小孩子是以游戏为生命的，多给小孩子玩的机会，身体就容易强健，心境就常常快乐。

小孩子很少空着手玩，必须有许多玩的东西来帮助，才能满足玩的欲望。比如一个小孩子玩骑马游戏，至少要有一条带子或一根竹竿，才好跑来跑去地玩；才能玩得有趣。玩，固然重要，玩具更为重要。

玩具有好有坏，好的玩具，可以促进小孩子身心的发展；坏的玩具，便要发生许多坏的影响和危险。什么是好的玩具呢？我可以举几个例子来说。

好的玩具，比如皮球、毽子，会引起小孩子多种动作。小孩子拿到皮球，有时用手拍拍，有时用脚踢踢；拍拍它，它会跳；踢踢它，它会滚。拍得重，它就跳得高；踢得重，它就滚得远。小孩子拿到毽子，踢的花样更多，有时一脚踢，有时两脚踢，有时跳着踢。像这种玩具便是好的玩具，可以给小孩子玩。

好的玩具，要能启发小孩子的思想。比如海军棋、陆军棋、象

---

[1] 本文原载《小学教师》1939年第一卷第二期。

棋和拼图等，能启发小孩子的思想。小孩子下棋，一定要细心地想想怎样走动才可以达到目的地？怎样走动才可以避免对方的攻击？处处要运用思想，才能克服对方。小孩子拼图，如彩色拼图、故事拼图、纸板拼图、七巧板等，玩弄时也要运用思想，才可以拼得起来。如拼一个动物或一个人物，一定要选择适宜的木片，放在适当的地方，才可以拼得像。下棋和拼图，变化很多，因为多变化，容易启发小孩子的思想，所以也是好的玩具。

好的玩具，是要能陶冶小孩情绪的。比如洋娃娃、乐器等玩具，都能陶冶小孩子的情绪。小孩子拿到洋娃娃，喜欢抱抱他，给他穿，给他睡，同他一起游玩。如果洋娃娃跌在地上，便连忙抱起来，疼疼他，生怕跌痛了洋娃娃。小孩子都喜欢听音乐，玩乐器，如口琴、铜鼓、喇叭、铙钹等，因为乐声优美，玩惯了，便会发生优美的情绪来。所以这是好的玩具。

好的玩具，比如各种大小积木，能发展小孩子的创造力。小孩子拿到积木，可以做桌子、做凳子、做洋娃娃的家庭。年岁大一些的孩子，可以用积木造桥、砌屋、筑城、筑炮台、筑壕沟，还可以用积木代替日用的物品，和许多小朋友开店做买卖。凡是小孩子要做的东西，都可以用积木做出来。所以，积木是小孩子最好的玩具。

好的玩具，能唤起儿童尚武的精神。比如枪、炮、军舰等玩具，小孩子拿到枪炮便会产生勇武观念，以军人自居。有时候，几个小孩子在空地上或沙箱里布置阵线，建筑炮台军港，有时候布置冲锋。像这类玩具，很能唤起小孩子尚武精神，所以是好玩具。

以上所说，是好的玩具所表现的功用。至于好的玩具的质料，也来说一说。

第一，要国货。我们替小孩子买玩具，一定要买本国制造的，买的时候要留心看看玩具上的商标就行了。或者到国货公司去买，那里都是国货玩具。

第二，要坚固耐用。如木制的、橡皮制的，铜铁及松香、布等制的玩具，都很坚固耐用。那些纸制的、蜡制的各种玩具，多不坚固，而且不耐用。花了钱买来，到了小孩手里，不多时就破碎了，这不是很浪费吗？

第三，要式样美观。如松香做的金鱼、鹅以及各种动物、人物等，很能够引起小孩子的美感。我常看见许多形象丑陋凶恶的玩具，如鬼脸、长颈猫等，小孩子见了要怕，有时竟吓得哭起来。所以，一定要买式样美观的给孩子玩。

第四，要大小合度。要以小孩子的年龄为根据。如皮球，大小的种类很多。小的孩子很喜欢玩大一些的皮球，因为年龄小的孩子拿到皮球，要拍，要抛，要踢，大一些的比较好玩。大的孩子对于小一些的皮球，也喜欢玩，因为有时候可以当做小足球踢呢。所以各种玩具，有的适合1岁小孩子的，未必适合3岁小孩子玩；有的适合3岁小孩子玩的，未必适合5岁小孩子玩，这是因为小孩子的动作能力的发展，各有不同。我们为小孩选择玩具时也要注意这一点。

第五，要没有危险性。小孩子的玩具，有许多的有危险，如刀、箭、玻璃球、泥人、泥狗、毛狗、绒猫等，有的容易伤害自己，有的容易伤害别人，有的藏垢纳污，容易传染疾病。我们替小孩子购买玩具，要认清凡是泥、玻璃、五金玩具中的铁的，都有危险性；凡是毛、绒、泥、五金玩具中有铅的，都有碍卫生，切不可买给小孩子玩。

玩具不一定都要花钱去买，能够指导孩子自己去做的，而且玩的时候多变化的，也很好。比如菱壳可以做风车，萝卜可以做娃娃，蚕壳可以做花卉，厚纸匣可以做七巧板，都不要花钱去买，玩时都很有趣。还有小孩子的环境中，一根木棒，一枝竹片，一块木板，也是玩具的材料。如能给小孩子简单的工具，如小锯子、小铁锤、钉头等，便能做出许多有趣的玩具来。我们对于小孩子有计划的活动，应从旁赞助，使他做成功。这样，可以发展创造能力，养成小孩子劳动的习惯。

小孩子的玩具，不要随意乱放，要给他一个收藏的地方。玩时拿出来玩，玩过了，随时收藏好。有的孩子，因为他的玩具没有收藏的地方，便放在抽屉里，或藏在墙洞里，有时放在枕头下，这样不是弄坏，就是不见了。有时放在别人的东西上面，有时把别人的东西移开来放自己的玩具，这样利己害人的行为，更不妥当。所以收藏玩具的地方一定要预备的。这样可以养成小孩子整齐的习惯和尊重他人的权利。

小孩子玩的玩具，要时常调换。不要让他玩到不喜欢玩的时候，以致把玩具弄坏或是掼在地上，养成不良的行为。要在玩到适当的时候，就替他收藏起来，另换几种给他玩。每次玩的时候，只给他两三件，不要一起给他玩。新买的玩具和旧的玩具要搭配起来，作有意思的调换，使他时时都觉得新鲜可爱，才不会感到厌倦。这样，可以养成小孩子爱惜物品的习惯。

遇到天气晴朗的日子，应该领着孩子到野外去玩。不要让孩子一天到晚在室内玩弄玩具。我们知道室内的空气，远不如野外的新鲜，常在室内活动，是不合健康原则的，并且室内一切的物品，都是静的、呆板的。野外的花、草、树、木、虫、鱼、鸟、兽多么活泼可爱！我们要指导孩子理解自然界的现象，养成他科学研究和试验的精神，就要带领孩子到野外去。每天下午到室外游玩半小时，每星期到野外游玩半天，也可以培养小孩子欣赏自然、爱护自然的兴趣和道德，这比终日在室内玩弄玩具要好得多。

幼儿园应该进行识字教育吗①

首先,我对毛主席在最高国务会议上所提出的,在学术研究中实现"百家争鸣"的政策表示衷心的拥护。

因此,我在这里提出一个长期在儿童教育界纠缠着而没有获得解决的幼教问题,就是"幼儿园应当进行识字教育吗?"

有人认为今天全国人民正在热火朝天地投入社会主义建设和社会主义改造高潮的时候,我们不应当来讨论这个无足轻重的幼儿教育问题。我认为这种看法是不对的,儿童是祖国的未来、共产主义的幼苗,未来的社会主义建设者和保卫者。据估计,到 12 年以后,学前儿童将有 7 000 万之多,这是一个庞大的数字。因此,我们应当遵照祖国的宪法对儿童予以保护和重视。

幼儿园识字教育问题是一个迫切而重要的问题。今天我就根据"自由讨论,百家争鸣"的精神,大胆地把这个问题提出来,请大家指正。

照我国幼儿园暂行规程(草案)第十七条规定:"幼儿园不进行识字教育,并不举行测验。"为什么幼儿园不进行识字教育呢?中央教育部幼儿教育处张逸园处长曾经解答过这个问题。(见张逸园:《新中国幼儿教育的基本情况和方针任务》,《人民教育》1952 年二月号)

但她的解答是不能令人信服的。

她说要解答幼儿园为什么不进行识字教育这个问题,必须首先要明确幼儿园的性质。她说:"幼儿园的教育不是正式的学校教育,

---

① 本文原载于《南京师范学院校刊》1956 年六七月号。

而是以教养为主的学前教育。识字教育乃是小学的任务，幼儿园不应该勉强去做。因为字是抽象的符号，对实际知识很少的幼儿，先让他认识符号，非常困难而且是非常有害的。"

这里有几个问题值得讨论的。

幼儿园不是小学，这是对的，但我们不能说幼儿园不是正式的教育机关。我想我们可以这样说：幼儿园是以教养为主的正式的学前教育机关。她说："识字教育乃是小学的任务。"这也是对的，但以教养为主的学前教育为什么不能包括识字教育呢？

她讲这个话有什么根据呢？

她说："因为字是抽象的符号，对实际知识很少的幼儿，先让他认识符号，非常困难而且是非常有害的。"

这句话表面上是对的，但实际上是有毛病的，是不完全符合幼儿园客观事实的，字确实是抽象的符号，对于年幼的儿童是困难的。今天我们绝对不应该让年幼的活泼可爱的儿童，受到像我们在童年时代所受的那种私塾教育的毒害；《三字经》《百家姓》当然不是幼年儿童所能理解的。解放以前有些私塾式的幼儿园也确实不按照儿童年龄的特征，对实际知识不够具备的儿童来进行枯燥的、死板的识字教育。诚如张处长所说，这种教条主义式的幼儿教育当然是有害的；也如她所说："幼儿识字过早，容易刺激他早熟，养成喜欢安静的读、写、看，不喜欢多活动和劳动，妨碍了幼儿的健康和全面的发展。"

不过四五十年前的私塾教育是如此，解放以前私塾式的幼儿教育也是如此，正式的办理比较完善的幼儿园却不是如此。

在今天来说，究竟幼儿园应不应当进行识字教育呢？对这个问题，我们可以从几方面来考虑。

1. 儿童能不能识字呢？根据儿童的年龄特征，几岁的儿童能够开始学习抽象的文字呢？一般儿童到了4足岁就可开始识字，但由于实际知识缺乏，我们应当把识字教育推迟一二年。实验证明，五六岁的儿童能唱歌，能背诵童谣，能说谜语，也能结合实际知识阅读简单的图书故事。

解放以前，6岁儿童就可以入小学学习。当然，我们不能否认，那时所用的教材教法，可能有些问题，但是毫无疑义，儿童到了5足岁是能认字识句了。

2. 儿童需要不需要识字呢？儿童到了五六岁，对于环境的认识已有初步的基础，今天幼儿园大班教学计划，是否能满足儿童的求知欲望还是一个问题。据了解，有的儿童自动地向哥哥姐姐们学习认字识句。学了一些字句之后，就抓到故事书死啃，儿童对识字确实有迫切的要求，但为什么幼儿园不进行识字教育呢？

语言文字是发展儿童思维的重要工具，为了满足儿童求知的需要，为了发展儿童的思维，我国幼儿园必须对大班儿童进行识字教育。

3. 识字教育对幼儿究竟有害呢，还是有好处？这要看你用什么教材，你怎样教他？如果你硬要灌输"人之初，性本善"的人生哲学，或采用"人、手、刀、尺、琴、棋、书、画"那种超出儿童认识水平，那种脱离儿童知识实际的枯燥无味的材料，那对儿童只有百害而无一利。这样的识字教育是摧残儿童的教育，我完全同意张处长对这种识字教育的看法。

怎么样的识字教育对幼儿是有好处的？

从教法方面来说：儿童很喜欢游戏，我们就可以通过各种游戏式的教学法，对5岁儿童进行识字教育。儿童对社会和自然环境总是发生很大的兴趣，我们就可以结合认识环境来进行识字教育。儿童对唱歌、图画、做手工，也是感到很大的兴趣，我们也可以在这些活动中找出机会来进行识字教育。儿童最爱听故事，我们就可利用图画故事来进行识字教育。

总之，识字教育做得不好，变成私塾教育，我也非常反对的。

如果采用上面提的教材和教法，那对儿童是有莫大的好处，是符合儿童全面发展的教育的。在今天来说，识字是儿童能够做的，识字是儿童所迫切要求的。对幼儿园的大班儿童可以开始进行识字教育了。

第四章 儿童训育的实施

训育的基本问题[①]
——确立训导原则

训导工作在整个教育工作上可说是最繁重最重要的。本文是想把关于训育的基本问题谈一谈。要谈训育，第一先要确定几个原则，有了原则，才如旅行有了向导，航海有了指南，因为这样才有所根据，不致茫无头绪，无所适从。

我现在把我所拟的几条原则提出来，以供参考和商讨。

原则一　从小到大

教育一个人要从小就注意起的，讲话怎样讲，批评怎样批评，做人的态度，对人的礼貌，以及一切的一切都要从小养成。外国有句话说，"开始做得好，一半做到了"（well-begun is half done），中国的先哲也有"慎始"的教训，一种习惯之养成，莫不由"渐"而来。

有这样一个视察员在某校对人说："某小学学生太活泼了，只重劳动，不重学科。"又说："有两个小学生因为挖坟砖死了！"到底某小学是否真的只重劳动不重学科呢？不是。某一小学对于劳动与学科向来是并重的，不过并不着重把教科书死记死背就是了。其实这个小学是很重视学科的。每次全城举行学科比赛，总是该校小朋友得第一的。

"有两个小学生因为挖坟砖死了。"这句话更加不合事实，因为

[①]　本文原载《活教育的理论与实施》，1946年立达图书服务社出版。

这事从来没有发生过。听说另一个小学,有一个掘过坟砖的小朋友后来生时疫死了。或许他说的就是这回事吧,不过事实上,那小朋友之死也和掘坟砖没有关系的。

那视察员为什么这样说呢?这是因为他不知用科学方法来观察,单凭五官是不一定靠得住的。要懂得怎样观察,要懂得怎样说话,要懂得怎样批评,都要从小受良好的训练。假使在学校里求学的学生用这种类似的观察方法去观察校中事物,结果就要引起许多无谓的纠纷,发生许多无谓的问题。训导的目标就是要学生知道做人。做人是顶难的,一定要从小就加以训练,养成种种优良的习惯和态度,在小孩子时代已经受了良好的教育,到青年的时候,自然可以减少许多问题。"慎始则善终",这是必然的结果。

原则二 从人治到法治

中国社会风尚,向来喜欢讲人情。讲人情的结果就是回避法律。特别是在专制时代,君王贵臣的一句话就是法律;在宗法社会里面,也是惟尊长是重,一言之出,奉命惟谨;即到了现在,人情改变法律的事还是屡见。西洋国家法治的观念比较重,从罗马时代直到现在,重法守法已经蔚为人民的精神与习惯。人治与法治最大的差别在于:人治易受环境变迁的影响,法治则对于人事权衡有一定的准尺,比较来得固定。

比如小孩子吃点心之前,老师一定要叫他洗手。小孩子是不懂什么"法""不法"的,老师叫他洗手,他因为喜欢或者敬畏老师的缘故,所以就照着做;假如换了一个老师,他不喜欢这个老师或者不怕他,所以叫他洗手的时候,他就不肯做;这种现象就是证明这个小孩子是无形中受着人治观念的影响。我们要使小孩子养成一种观念,并不是因为老师叫洗手才洗手,要使他知道"洗手"是为了要吃点心,是为了注意卫生,如果不洗手吃点心,会把手上的脏东西吃进肚里去,引起种种疾病,所以吃点心一定要洗手。

原则三　从法治到心理

一般的学校可说都已采用法治了，但是纯用法治，也不见得完全无弊。

瑞士某小学有一个8岁的男孩子，名叫阿尔勒尔脱，有一次偷了别人的手表，查了出来，校长认为他犯了偷窃行为，破坏校誉，无法造就，就把他斥退，送他到家里去；哪知这孩子的家长也认为他偷人家东西，有伤父母的尊严，拒绝接收。后来这小孩被心理学家某女士带到顽劣儿童保育院去，起初，有好几星期在一起吃饭，但是他绝不向她说起偷表的那桩事情，直到后来相处很熟了，他才和颜悦色地向她说："老师，你知道我为什么要偷那只表吗？因为我在学校里，他们都骂我是傻瓜，我想他们这样看不起我，我一定要做一桩他们所不能做的事出来，让他们不再看不起我。他们都不会偷表，所以我去偷了这只表来！"某女士听了，就把这小孩还给他家里，并且把他的话告诉给那家长听，但是那家长仍旧拒绝他回来。某女士见了这情形，便把他带回去，寄养在一个农夫家里，叫他帮忙做些事，空下来的时间读读书。后来等到某女士到中国来的时候，那偷表的小孩子快要从农业专门学校毕业了。

从这件事看来，这小孩子如果当初只有受法律的制裁，那么，此后他的命运一定很悲惨的；幸而遇到了某女士能够从心理上去研究他犯罪的动机，终于把他从未来的不幸命运中拯救过来，这是一件何等欣幸的事。可见徒循法理，尚不能完全解决训育上的种种问题，做一个教师一定要懂得心理。小学教师一定要懂得儿童心理，中学大学教师一定要懂得青年心理和群众心理。不了解心理的人，从事训导工作，是一定会失败的。

原则四　从对立到一体

一般的学校都是老师与学生之间沟渠分明。老师高高在上，如一般长官之对待其下属。老师和学生对立起来，形成两个团体，这样就发生种种矛盾和冲突，许多的问题也常常因此而发生。要避免这种缺陷，只有把隔在老师和学生中间的鸿沟消除掉。怎样去消除这种鸿沟呢？老师要知道教育并不是一种职业，并不是为一己的口腹打算。从事教育工作是为了替国家培养人才。为了要愉快地达成你的目的，应当竭力去接近你的学生，一方面应当想到老师是学生学识及生活上的指导人，但是当然不是万能的。有些可笑的学生常常有"掂"老师"斤两"的事发生，故意找几个难的问题去难倒老师，而老师也以为自己应当是一部万宝全书，以答不出为耻，从而发生师生间的不协调。这真好笑极了！

总而言之，老师和学生是应当站在一条战线上的，大家向学问进攻，学习为人处世的道理。老师把学生看做自己的子弟，学生把老师当做自己的父兄。大家在校中共同生活，共同研究，共同学做人。

原则五　从不觉到自觉

每一个人的心中都有一只狮子，这只狮子就是极大的潜在力量。许多人心中的狮子还是睡着的，所以他虽有极大的潜在力量，可是却不能发挥出来。在这一个时候，他是浑浑噩噩糊里糊涂的，所以可以称为"不觉"。他对人处世的方法态度都是莫名其妙的，同时对于一切事物也缺乏警觉性。凡是"不觉"的人，即使背后成天有人跟着，驱策他，督促他，也不会比一个"自觉"的人更易进步。因为所谓"自觉"的人，他心中的狮子已经醒了，他有极大的潜在力量，这种力量可以克服任何困难，完成任何事业。

一个学生，有时直到他毕业的时候，还没有走出"不觉"的阶段，所以教师对于他负有唤醒心中狮子的责任，让他知道自己是生长在一个什么世界；让他知道自己的地位和力量；让他知道自己对社会、人类、学校所负的责任和应有的贡献。总而言之，训育的目的是要使一个糊里糊涂浑浑噩噩的青年（或小朋友）转变为一个自觉的有力量的青年。把他心中的狮子唤醒过来，使他获得力量。

原则六　从被动到自动

一个学生在能够"自觉"之后，便一定产生"自动"的能力，这是从学生一方面说的。在学校行政一方面说，学生在校中所处的地位，起初是被动的，但依照理想，应当迅速把这一阶段转为"自动"，即"自治"的阶段。普通学生在训导过程中所处的地位如下：

第一阶段：完全由老师管理。

第二阶段：由团体管理。

第三阶段：自己管理。

第一阶段完全是被动的，第二阶段严格说来，也还是被动的，第三阶段才是"自动"的。被动的时期太长，容易养成依赖的习惯，自幼稚园以至大学，都是如此，特别是中等以上学校对于学生的训导，更是如此。教师管理不过是一个过渡的办法罢了。

比如学校考试，普遍是采取监考制度，要老师在旁边监督，这是第一个阶段。假如采行荣誉考试制度，老师可以不必到场监视，由受试学生全体自行负责。当然，采行这种制度，步骤要周到严密，事先应对学生郑重宣布，约法三章：第一，要学生个个自爱；第二，不但要自爱，还要有胆量肯检举；第三，要愿意在不遵从荣誉考试规则时受罚。同时还要大家庄严宣誓，这就是第二阶段。等到考试的时候不用老师监视，也不用其他同学来监视，而可以自动地不作弊，以自己的人格与荣誉来监视自己，这才是达到了第三个阶段，也就是训导的最后目的。

最近我在幼师教两班家庭教育，考试的时候，我对学生说："今天我们举行考试，你们要我监视呢，还是你们自己考试不必要人监考？"他们说："随便。"我说："你们一班马上要毕业，一班快要毕业，到这样的时候，假使对自己的人格还不能尊重，对自己的荣誉还不能够保持，那么，怎能到社会上去做人做事呢？我相信你们已经能够自己尊重，所以今天我预备让你们自己考试，我不在旁边监考。"我说了之后，又向他们宣布荣誉考试的办法，于是出了题目，回到办公室。我对别的教师说了，他们都有些怀疑，后来我就请几位老师去到教室旁窥察，结果他们告诉我说："考试的情形果然很好，各人俯着头写他的试卷，绝无偷看别人和作弊的举动，比老师在旁边监考似乎还要安静些。"

从这一事，我对于我的理想确定了信心，就是要使学生做到"自己管理"是可能的。不过在做到这一步之前，一定要先加以好好的训练和充分的准备罢了。

原则七　从自我到互助

动物都是自私的，一只母狗生下小狗之后，常常肯牺牲自己，把获得的食物让给小狗吃。等小狗大了，它们就各不相让，为了争夺一根骨头，甚至会咬得头破血流。其他的动物，除了蜜蜂与蚂蚁之外，也莫不是如此。

人自从生下来第一个观念就是个"我"字，特别是婴幼儿，但知有"我"，不知有"人"。但人与动物之间，到底是应当有所区别的。动物的自私是不可克制的，人的自私却可以用崇高的道德观念来克制，纵然不能做到牺牲一己，以利他人，至少亦应做到"互助"。"舍己为人"原是做人的最高理想，这要有大无畏的牺牲精神才能做到，自古以来，有不少大圣古贤就是这一类人的代表。普通的人能够做到"互助"也已经很不错了。训育的目的之一在乎能养成学生"互助"的习惯，如果这一点没有做到，就可以说训育没有做好。

怎样把学生从"自我"达到"互助"的阶段去呢？这一问题的答案是：要学生不断地这么做。

原则八　从知到行

不断地做，是养成"习惯"的必要步骤；单是"知"而不"行"，单是"理论"而无"实践"，样样事体都不会成功。不断地做，习惯养成了，然后可以持续不断，表现出成绩来。古谚说，"事在人为"，这句话的反面就是不"为"，就不能成"事"。我们告诉学生说要怎样做人，学生也知道了这些道理，但是大家都只是"知道"而不去"做"，试问这有什么用处呢？训育工作要获得成功，也一定要"行"。这是绝无疑问的。

原则九　从形式到精神

只有表面而没有精神是不好的。训导工作并不重在表面，比如有些教师要学生对他表示尊敬，见面的时候要行礼和问候；至于学生对他是否真正乐意这样，说不定学生在向他行礼的时候，心中却在恶毒地咒他，这些他都不管的。这种只求表面而不顾精神的，试问有何益处呢？我们中国有句古话叫"诚于中而形于外"，这就是说精神可以影响于外表，所以从事训导工作者应当对这一点特别注意。

原则十　从分家到合一

现在一般学校，特别是中等以上的学校把训导和教务的工作分开了。分开的用意，原是看重训导工作，但是结果使训教脱了节。一般专任教师完全担任知识的传授，关于教育学生如何做人，却全然不管；训导的责任，全落在训育主任以及训育员的身上。学生对于老师，有时发生这种现象：即对于负训导责任的导师的话肯听，对于不负训导责任的教员就不大领教；教师也落得清净，上课时拿了书本进课堂，下课后就到寝室里去，闭门不预外事。其实学校里专门负责训导的人可以管训育上的计划及各种施行办法，实际去训导学生的应当是全体教职员，把分家了的训教两部分工作重新联结在一起。

原则十一　从隔阂到联络

学校对于学生当然希望他能养成良好的思想、行为、习惯、态度，可是学生回到了家庭里，因为环境的变换，往往就随之而改变了。在校中不抽烟不喝酒的，到了家中却抽烟喝酒了，在校中不打牌的，到了家中就打牌了；有时相反的，在家中是很好的，一到校中，因为环境变换，受了一两个"损友"的影响，竟变坏了。这种种情形都是证明学校与家庭间的关系过于隔阂，不能采取有效的共同步骤。所以担任训导工作的人，的确应当常常举行家庭访问，或则邀请家长们来校参加某些集会，把家庭和学校联络在一起。

有的中小学有一种很好的办法：就是每星期都要把学生的成绩报告家长，叫家长在报告单上签字，有时还把各种作业本叫学生带回去签字。这样可以使学生的家长明白该生的学业成绩，可以进一步与教师采取双轨行动来督促学生。关于训育上的联络，其实我们也可以这样做。学校与家庭间的隔阂，有时还会引起家长对学校的误会，要免除误会，就要打破隔阂，一定要设法和家庭联络起来。

原则十二　从消极到积极

一般学校对于学生犯规或不正当行为常常做消极的防止或制裁，却不去积极地消除引起他犯规或做不正当事的动机。

比如说学校不许儿童打架。我们要研究为什么小孩子那么喜打架呢？因为小孩子是好动的，他们的精力是要有地方发泄的，所以学校应当多添些运动器具和娱乐设备，来满足孩子们的合理要求，增进他们的身心健康。这是第一点。

第二点，积极的鼓励比消极的制裁来得好。小孩子是喜欢鼓励的（青年也有这种倾向），一味地责罚，不一定能够制止他们坏的行为。比如有一个小孩喜欢在地上乱丢果壳字纸，有一次他偶然把地上的果壳字纸拾起来，丢到纸篓里去，老师趁此机会大大地鼓励他，他高兴得不得了，看人家把东西丢到地上，他就要去拾起来丢到适当的地方去。至于他自己的坏习惯，竟也就此革除了。

原则十三 从"空口说教"到"以身作则"

教师要训导学生，第一要建立起学生对自己的信仰，这信仰是从什么地方发生的呢？绝不是你用欺骗或权威所可以获得的，信仰是由学生对你的道德和学识的钦敬而来。言行不一的人，他的道德既已发生缺陷，本身德行既已有亏，安能为人师表？学生对他决无信仰。如果这样的人担任训导工作，即使他每天唇焦舌疲向学生演讲一大篇做人的道理，也毫无用处的。担任训导工作的人，必须自身保持高尚的道德，处处地方以身作则，才能成功。这是关于训育的最重要一点。

上面所谈的十三条训导原则，看来都很普通，但是离开了这些原则来谈训育问题，一定是难以成功的。

儿童训育应该怎样实施的[1]

亲爱的教师：

今天我来和你们谈谈，怎样实施儿童训育的问题。

空洞的标语，是没有效的。我曾经做过三个小小的试验，一个是在小学做的，一个是在幼稚园做的，一个是在师范做的。

一、小学的试验

有一天我对一个小学老师说，我们的小朋友，每天应当做几件事：

（一）我每天要做一件好事。

（二）我每天要读一点好书。

（三）我每天要说一句好话。

（四）我每天要认识五个字。

（五）我每天要写日记。

这五件事，事先由我对小朋友详细解释，后来小学老师叫他们逐条写在纸上，并且作为标语，有的挂在墙上，有的钉在柱子上。

过了几个礼拜，纸条破了，小学老师就叫小朋友把纸条撕下来丢在字纸篓里，标语式的训育，从此完了。

亲爱的教师，这种标语式的训育，有多大效用呢？我仔细考察了一下，单单讲讲是不够的，贴贴标语，也是空洞的。

---

[1] 本文原载《活教育》1941年第一卷第三期。

二、幼稚园的试验

从前我在南京鼓楼幼稚园的时候，做了一个调查，调查的结果，正可以证明空洞的标语、挂图、画图是没有多大用处的。

在幼稚园里，墙壁上挂了许多美丽的图画和照片。挂了一个多月，我就发生了疑问，这些画片究竟有多大用处呢？我们花了许多钱，费了许多力，把它们一张一张地配上镜框，一个一个地挂在墙上，小孩子究竟有没有看见？看见了究竟知道不知道？知道了究竟知道了多少？我就对幼稚园的老师说："我们来做一个调查，你先把镜框一起翻过来，再叫小朋友来，一个一个问他们这里面是什么图？"老师就一张一张地问小朋友。结果小朋友之中，没有一个完全知道的，只有十分之一二的小朋友，能够记得几张图而已。

调查之后，我就叫幼稚园老师，把这些图画照片详详细细地讲给他们听。过了几星期，再一张一张地问小朋友，结果小朋友就能够记得这些是什么图，而且知道图中的意思，虽然是没有完全知道，但是比上次没有讲过前好得多了。

这次调查，可惜没有发表过。而当时所得到的统计，现在已经遗失了，但是大概的情形是如此的。

这个调查，可以证明单是悬挂图、照片是没有效用的，一定要和小朋友详细解说的。

图画照片固然可以用解说的方法，来使儿童明了的，但是标语的用意是在乎做，在乎行动，单是讲讲解说是不够的。所以像小学里，讲过的标语，而没有方法使儿童表现于行动，仍旧是没有效用的。

三、师范的试验

上学期我在幼稚师范里，采用了另外一种方式，来实施训育。

有一天（12月2日，星期一），我向学生提出日行一善的信条，先把信条的善处详细地说明。什么叫善？凡是有益于人的事都是善，帮助别人固然是善事；在地上看见纸屑就拾在字纸篓里，也是善事；把路中的一块石头拾掉，也是善事；就是说一句好话，使别人快乐，也是善事。说了之后，我要学生郑重地宣誓。

为什么要郑重宣誓呢？"日行一善"不是一件容易做到的事。随随便便宣了一个誓，那所得到的效果必定等于零。而等于零的效果，反而增加了学生作谎的机会和养成学生敷衍了事的恶习惯。

宣誓不应随便，所以宣誓一定要很郑重。

当时我曾拟了三种宣誓的誓言：

（一）我愿从今天起，每天至少做一件有益于人的好事。

（二）我立志从今天起，每天至少做一件有益于人的好事。

（三）我立志从今日起，日行一善。

第二种比第一种好，因为"立志"比"愿"来得有力，对于宣誓更加适宜，第三种来得简括，学生一致赞成采用。在未宣誓之前，我再三郑重地说："不愿立志日行一善的，千万不要举手宣誓，凡是宣誓的，必定要遵守誓言。日行一善，每天把所行的善事，记在一本日行一善录上面，每星期交给导师考察。宣誓以后，各人还要在我的日记簿上签一个名，以留纪念。"

说了以后，就郑重宣誓，然后，到我的办公室里来签名。

一星期后，各位导师考核他们的记录，下面就是他们的记录举例：

  十二月二日 星期一 晴 夏宗欧
  从今天起我立志日行一善。

  怪不舒服的，晒着衣服的绳垂在地上。本来地上有一根木头顶住的，不致使刚洗的衣服拖上泥土，然而那一根木头，不知是被哪一个弄倒了。我感到垂在地上的衣服，一定干得很慢，所以我就把倒下的木头重新竖起，这样使衣服的主人早点折着干的衣服。

　　十二月三日　星期二　晴　熊秀舫

　　下午一时，我到树林里去走一走，看见一个五十来岁的老太婆，拿着一把竹齿耙在树下耙木柴。那老太婆身体很衰弱，耙几下，呼几下大气。我看见这种情形，就连忙过去，帮着她耙了很多，后来一位少妇来，把那些木柴扛去了。我望望她们的背影心中有说不出的快乐。

　　十二月四日　星期三　晴　龚韫慧

　　在路上看见一块手帕，我不知道是哪位同学的，便拾了起来，连声喊道是谁的，前面有一位同学听见了，回头看见说道："是我的。"便跑过来接了去，并说："谢谢你！"我也说："不客气！"

　　十二月五日　星期四　王舜琴

　　午饭后，到阅览室去阅读报纸，见报纸乱得不成样，东一张西一份，我就按照了日期将它们整理好。

教师每星期考察一次，而且要加以评语，使得学生知道他们的日行一善录是曾经有老师看过的。

这种考核，究竟做到什么时候为止呢？要等到学生养成日行一善的习惯为止，考核的时候，要注意到学生的作假，倘使作了假，那比不宣誓、不做还坏，所以你一定要郑重地对学生声明。假定一天之中，没有做什么有益于人的事，那最好声明没有做，千万不要随意乱写，以博教师的欢心。教师也应当把学生所做的善事，加以一番证实，务须免除作假的弊病。

总起来说：

第一点，我们要注意的，训育不仅是知识的问题，而且是一种行为的问题。既是行为的问题，你一定要使学生把行为变成习惯，才可以放手。

第二点，你要使行为变成习惯，你必定要在学生的心境中引起热烈的情绪，战胜那种行为所遇的困难。就以日行一善来说，要一个小孩子从利己的观点转移到利人的思想，那是在他的生活中一件最大困难的事。你不能轻易地叫他战胜这种大的困难，要他轻易地改变他的思想，改造他做人的习惯，若没有热烈的情绪、高尚的思想、坚定的意志，绝不能达到目的。所以当时我叫学生郑重地宣誓，在我的日记簿上签名留念，以表示决心。

第三点，习惯的养成，不是短期可以做到的。所以你要常常注意，时时留心，务使行动不要有例外，不要中断间断，以达到自然而然的地步。

第四点，要维持兴趣，比赛是一个好的方法。怎样比赛呢？同自己的成绩比赛，同别人的成绩比赛。与自己的成绩比赛当然比与别人的成绩比赛来得妥当，比赛的结果，最好有一种具体的表示。什么统计图，什么挂图，都可以利用的。

谈谈学校里的惩罚[①]

"学校里必须用惩罚吗？如其要用，应该怎样用法？"关于训育的理论，黄翼先生最近在《中华教育界》发表过一篇很好的文章，颇可供我们参考。这个问题是做教师的切身问题。我以为惩罚这一件事，在学校里面最好是不要用。从理想上说起来，学校如果办得完美，自然就用不到惩罚；但是学校不容易办得完美，惩罚一事，也就不能废除了。

现在学校里所施行的惩罚，既然是一种不得已而暂时使用的手段，那么使用的范围和使用的方法，就应当大大的限制，好好的审择。现在个人觉得惩罚在原则上须：

一、教儿童明了规则的意义

儿童本是天真烂漫的。他的所以犯过，不是迫于不得已，就是苦于不知道遵守规则的意义。所以第一条原则，就是要教儿童明了规则。新生入校之初，教师就应该把学校规则作详细的解释，使他们晓得什么应当做，什么不应当做。学生对于规则的意义既然明白，那自然就不会去犯了。

二、使儿童了解规则是公共应守的纪律

规则是群众相处的约法。教师不过是遵守规则的领导者；守规

[①] 本文原载《儿童教育》1934年第六卷第一期。

则就是服从公众，教师不过是规则执行者而已。所以学生犯了过失，并不是不服从教师，乃是不服从共同的规则。教师学生对于这点有这样的了解，那许多误会许多弊病就可以免除了。

三、惩罚不得妨害儿童身体

惩罚是必不得已而使用的一种消极方法，使用的目的不过是刺激儿童教他们改过迁善，原意是为爱护儿童起见。如果妨害儿童的身体，岂不是就和本旨相悖了么？所以有妨儿童身心的惩罚方法，切不可使用。

四、惩罚不得侮辱儿童人格

儿童是没有一个不好的。不过他偶尔犯了过失，要被惩罚，目的是教他下次不要再犯。惩罚儿童，是惩罚他的过失，并不是惩罚他的人格。所以一方面惩戒儿童，一方面对于儿童的人格，还是要绝对的尊重才是。

五、惩罚不得妨害儿童学习

学校中常有"立壁角"、"面墙壁"、"站在门外"、"关夜学"这些罚则，还有罚学生抄书几遍，读书几次，甚至有罚学生停止户外运动的。这些办法都是妨害儿童的学习，违及惩戒的本旨，以不用为是。

六、在可能范围内须尽力顾全名誉

除不得已时切勿在大众前施行惩戒，以保全儿童的体面。

七、须鼓励儿童勇于改过引起他们的自爱

施行惩罚有几个先决问题。儿童犯过的动机，有时候完全出于好奇，有时候出于环境的压迫，有时候源于身体的缺陷。例如惠勃女士所讲的一个小孩子偷表的故事（见《儿童教育》第四卷第九期），完全是出于群众的压迫。又如有许多家庭里，贫苦得连灯火都点不起，或儿童放学回去还要助理家事，还有许多羸弱的儿童对于繁冗的功课实无力学习；所以对于这种儿童，当然不可把懒惰和不肯学习的罪名加在他们的身上。所以在施行惩罚之前，应当辨明：（一）犯过时之情形；（二）学生个性及实质；（三）学生之家庭。

至于惩罚，亦有几种方法几种步骤；因为过有轻重，性情亦各不相同，施行惩罚当然要有分别。据个人意见，除体罚是绝对不得施用外，下列各点是一种施行的步骤：

（一）友谊式的劝导。用积极方法暗示儿童从善改过。譬如儿童上课，忘记带他的练习簿或者其他必需的用品，教师就应该对他很和善地说："你今朝没有带来，想是忘记了，我想你下一次一定记得带来，决不会再忘记。"这种和蔼的态度和积极的暗示，儿童听了最容易受感动。

（二）命令式的警告。个别谈话晓以利害。如果第一步没有效验，就在房间里或者预备教室里作个别的私人谈话。说明上课时间为什么一定要带好练习簿和其他必需的用品。如果不带，就有种种不便，对于课业就发生了影响，慎重地警告他，叫他下次切不可再忘记。

（三）揭示姓名。名誉惩戒。这一层办法比较严重。但是在没有查明儿童确系故犯之前，这一层办法还是不用。

（四）分座。剥夺与其他儿童共同工作的权利。用到这种惩罚方法，是最严重的了。儿童的心理，对于不能和同伴在一起活动是最难过的。这种刺激方法，最有效验。而且对于儿童学业，毫无妨害，可以应用，直至儿童觉悟，自行改过从善为止。

怎样矫正学生的过失[①]

训育难于教育，人格重于知识。现在中国教育的弊病确在于我们只顾到教书上课，注重知识的灌输。人格的培养，竟加以忽略。

有时候，常常订了许多学生犯过的规则来束缚学生的行动与自由。这种学校自以为管教认真，办学有方，而社会一般家长也以为学校应当这样办理的。有时候学生犯了过失，不问其犯过的原因，一味把他"关夜学"，"站壁角"，甚至于"关暗室"。所定的规则都以消极为原则。如不准赌博，不准吸烟，不准打人，不准骂人，不准随地吐痰等等。倘有故违，轻则记过，重则开除。开除学生的学籍，是多么严重的一桩事！试问开除学籍是否能解决学生犯过的问题？开除学籍于学校固为得计，奈于学生本人何？我们应该用种种方法来教导学生，使他们乐于为善，勇于改进。

我们要问学校的环境是不是适宜于儿童的教学？我们要问学校有没有相当的教学设施？有没有相当的教学机会来满足儿童的需要，来发展儿童的身心？

从前有一个学校，学生非常顽皮，常常用弹豆在暗中弹击老师，学校当局无法处置。有一天有一个教育家去参观，居然也吃了几颗豆弹。当时校长在旁，很难为情。但是这位教育家却并不惊奇，反与校长讨论怎样利用学生正当的尚武精神。

隔了几天，这位教育家到校讲演，对于"吃弹"的事一字不提，却带了几副弓箭特地教学生们怎样射箭的方法，学生们都争先恐后地去学习。从此以后学生们每在课余之暇，就去练习射箭，对

---

① 本文原载《小学教师》1939年第一卷第一期。

于弹豆游戏在无形中就消失了。

这个例子可以证明学生要有相当活动的机会，才能发挥相当的能力，培养相当的人格。我们知道游戏——运动——有时候比读书还要重要呢！

游戏可以锻炼身体，增强智力，大概都晓得的。但最重要的还是在培养人格。这一点很少人注意到的，游戏中包含着许多做人的道理。游戏——运动——要做得好，必需要合作，要牺牲，要公平，要诚实。

英国人常常自负地说："英国立国的精神是在运动场上培养的。"这句话看看没有多大关系，实则是很有道理的，就是说，"运动能培养道德"。

我们回想到学校当局因学生做了不法游戏，如在路上赌钱加以开除，这是不对的。

我们对于学生训育问题，不应当用消极的方法来取缔学生的行动，应当用积极的方法去鼓励他们教导他们。欧美学校先生对于教育学生，很少用"不要"（don't）或"不许"，而以"做"（do）来代替。比如不说"纸屑不应随地乱抛"，而说"纸屑投入纸篓"，这就是叫学生去"做"，不是单单把"禁止乱抛纸屑"的标语，贴在墙壁上就算了事的。

这种教法是训育上一个大大的转变，希望国内从事教育的人们，加以特别的注意！

第五章 幼儿园教师实用技巧

如何使幼稚生适应新环境[①]

开学了,幼稚园的教师,对于初进幼稚园的小孩子,首先要解决的问题,就是如何使他能适应新的环境。大家都知道,幼稚园的环境跟家庭环境是不相同的,因此,当一个小孩来到幼稚园的时候,在他心理上就发生问题了。现在,我就问题产生的原因和表现,以及问题如何解决,教师处置儿童问题应有的态度几方面来谈谈。

一、问题产生的原因

(一)不了解新的环境

1. 不认识老师。跟陌生的人在一起,不但是小孩子不习惯,就是几十岁的成年人,要他跟一个"素昧生平"的人生活,也多少有点隔膜。记得当年我在外国念书的时候,有一位朋友,老爱带我到他的朋友家里去玩,起初一二次,总感到陌生,怪不舒服的,慢慢地熟了,也就好了。对于一个四五岁的小孩子,要他立刻离开母亲,而跟着一位陌生的老师,在新的环境里面生活,这在他心理上,很自然地就浮现着陌生的惧怕的情感。因此,矛盾就产生了。

2. 不认识小朋友。一个小孩在家里,他所熟悉的是自己的兄弟姊妹和左邻右舍的几个孩子;一旦到了一个新的环境,看见几十张、百来张大大小小的面孔,都不认识,因为不认识就发生隔膜惧

[①] 本文是作者的一次演讲,由喻品娟记录,曾发表于《新儿童教育》1951年第六卷第十期。

怕的情感，因此，在他心理上，又产生一种矛盾。

3. 不熟悉新地方。对于不熟悉的地方，不但是小朋友感到生疏，就是成年人也常常发生一种茫茫然，甚至惧怕的情感。比如南方人去北方，或是北方人来南方，在他心理上多少有点异乎寻常的感触，也处处觉得陌生。一个三四岁非常缺乏生活经验的小孩子，一旦来到幼稚园，眼睛所看到的，全是一些不熟悉的东西和一桩桩新奇的事情；耳朵所听到的，全是一些生疏的声音和语言；在他心理上，造成一种非常复杂的陌生的情感，这种情感，使他不能离开母亲而单独生活在不熟悉的新地方。

4. 不习惯幼稚园的生活。小孩子在家里的生活是很随便的，可是幼稚园的作息时间是有一定的，什么时候吃饭，什么时候午睡，什么时候大小便，什么时候应该大家在一起谈话、唱歌、工作、做游戏，都有定时。而吃饭要自己拿着箸子吃，不能挑选蔬菜；午睡的时候要睡得很安静，不可能一位老师陪着一个小孩睡；其他的活动也有一定的规则。这种生活方式，对于一个初进幼稚园的小孩子，是不一定会适应的，因为他在家习惯了没有规律的生活。

(二) 不能满足欲望

1. 得不到像母亲一样的爱。母亲对于小孩子的爱护，真是无微不至，有好的东西留给他吃，有好玩的东西留给他玩；天冷时，怕他冻着，天热时，怕他受热；在家里，小心地照顾他的生活，在外面，时时刻刻记挂着他的安全。因此，母爱是无微不至的，也惟有做母亲的人才能有这种无微不至的爱。一个小孩子在幼稚园或托儿所里面，他并不是得不到爱护，只是这种爱护不同子母爱，而小孩子是能够直接感觉到的，保教工作人员没有像母亲一样地爱他。

2. 得不到像家里一样的东西吃。小孩子在家里吃东西，往往是没有一定的时间和分量的，大都是随孩子们的高兴吃多或吃少；而幼稚园或托儿所里面，孩子们吃东西是有一定的时间和分量的，并且是集体进膳或用餐点。有的孩子，就因为得不到像家里一样的东西吃而不习惯幼稚园或托儿所的生活。

3. 在幼稚园里不能让儿童独占玩具。占有心从小就具有的。一个三四岁的小孩子，只要是他爱好的东西，他都想独自占有，你问他这是谁的，他说"我的"，你去动一下，他就要叫起来，甚至于打你。可是幼稚园里面，所有一切东西，都是大家玩的，大家用的，不可能让一个小孩或几个小孩独自占有。因为玩具对于儿童，不但能发展肌肉启发智慧，并且要从中培养儿童的合作精神。可是一个小孩初到幼儿园对于好玩的玩具常常是要独自占有，如果不能让他占有，他就要哭闹或抢夺。

（三）家庭教育与幼稚园教育不同

家庭教育与幼稚园教育显然是不相同的。家庭教育是单独地进行使儿童得到教养，而幼稚园的教育是使儿童在集体的教育下得到发展，如果家庭教育与幼稚园教育差别大，小孩子所发生的矛盾也大。反之，差别小，小孩子所产生的矛盾也小。

然而，在目前一般家庭里面，父母对于儿童教育的知识是非常欠缺的，有些双职工、多子女家庭，没有力量顾到儿童的教养，因之，儿童得不到很好的发展；有些家庭，对于儿童又是"娇生惯养"，通常一般家庭对于儿童大都采取以下几种方式。

1. 代替小孩子做事。小孩子在家庭里面，大都是由父母服侍的。如吃饭、穿衣服、开关门户、收拾东西……都不必小孩子动手，由大人代劳。这种办法，不但剥夺了小孩子发展肌肉的机会，也摧残了小孩的劳动兴趣。而一般父母之所以如此，一方面，是不懂得代劳的办法是有多么大的弊害；另一方面，也怕麻烦。因为让小孩子自己吃饭，自己穿脱衣服，不但动作慢，而且要耐心地教他，反不如自己代他做来得痛快。然而要培养儿童的独立能力一定要掌握这个原则，凡是小孩子能够做的应当让小孩子自己做。因此，我想做父母的最好只有"一只手"，不然，任何事情都代小孩子做，这对于小孩子的发展是一种损害。因此，一个习惯于"衣来伸手，饭来张口"的小孩，初到幼稚园便不习惯了。所以在幼稚园里面，要掌握这个原则，小孩子能够做的一定要让他自己去做。

2. 溺爱。天下的父母没有不爱自己的儿女的，但是有的父母却溺爱过分，小孩子要吃什么就给他吃什么，要玩什么就给他玩什么，要出去就陪他出去，要回家就带他回家，真是百依百顺，爱护备至。却不知道，这样没有原则的爱，对于小孩子的心身发展，也是一种损害。因为一个小孩子如果要成长得很好，一定要用科学合理的教养方法，举凡起居饮食，出入进退，待人接物，都要有一定的规律，养成优良的习惯，并且要从小训练。因此，父母对于子女的爱护，应该不违背儿童心身的发展而不溺爱儿童，这是幼稚园教育与家庭教育不同之处。

3. 恐吓打骂。在封建社会里面，父母常常以恐吓打骂的方法对待小孩。如果小孩不听话，开口就骂，动手就打，要不然就恐吓小孩，说神说鬼的，使小孩子发生无谓的惊慌。在今天的社会里面，儿童是被保护的，他有独立的人格，父母应该尊重他的人格，不能够任意恐吓打骂，以致影响儿童的心身发展。在幼稚园里，必须采取诱导启发及暗示的方法代替恐吓和打骂，使小孩子能得到正常的发展。

4. 生活没有规律。小孩子在家里，生活大都没有规律，想睡就睡，想吃就吃，没有时间，也没有一定的规则。可是幼稚园里面的生活规律，是严格执行的，应该睡的时候一定要睡，应该吃饭的时候一定要吃饭，其他如大小便、工作、游戏，都有一定的时候，这是家庭教育与幼稚园教育不同之处。

5. 自私。在旧社会，父母对于子女，都抱有很大的希望，而这种希望，常常是极端自私的，不是希望子女将来做大官，就是希望他将来发大财。因此，从小就培养小孩子一种个人主义，什么事情都要出人头地；什么东西都要与众不同，并且占为己有，这种心理是最不好的。今日，新的教育要培养儿童有革命的人生观，为人民服务的观点，在幼稚园里面，需特别注意这观点，使小孩子在集体生活当中，除去自私的心理，想到他人，顾到集体。

（四）儿童本身的关系

1. 年龄。儿童适应环境的能力与年龄成正比，年龄较大，适应环境的能力也较强；反之，年龄较小，适应环境的能力也较弱。因此，一个初到幼稚园的小孩子，他不适应新环境，应该先要知道他的年龄，以便协助他如何适应新的环境。

2. 身体。儿童适应环境能力的强弱，与年龄有很大关系，与身体也有关系。身体强健的小孩子，他很快就会在幼稚园里跟其他的小孩子玩各种游戏器具，做各种工作；如果身体不好，他要在新的环境里面很活跃地做各种工作，玩各种玩具，是比较困难的。因此，对于一个初来幼稚园的小孩，找寻他发生问题的原因，也可以从他的身体健康上面去找解答。

3. 能力。毫无疑义，能力强的小孩子，适应新环境的能力也强；如果能力不强，他对于适应新环境更感到困难。因此，对于初来幼稚园的小孩，可以从能力方面去判断他适应环境能力的强弱。

二、问题的表现

（一）怕生

初进幼稚园的小孩子，总怕接近老师和别的小朋友，如果强迫着要跟他接近，他就要用各种各样的方法来抵抗了。

（二）躲避

躲避也是问题的一种表现，一个初到幼稚园的小孩，他不愿跟着老师和其他小朋友在一起，老爱一个人躲在墙角里或者没有人的地方。南大幼儿园的朱弟弟就是一例，老师在前面，他逃到后面；老师在后面，他躲到前面，不肯跟你亲近。

（三）哭哭打打

幼稚园本来是儿童的乐园，可是刚开学的时候，简直是哭园，这种表现，充分地表示小孩子对于新环境不能适应，而发生消极的抵抗。有的小孩子，采取进攻的态度，你不准他逃回家去，他就打你。南大幼儿园上学期刚开学的时候,有两个小孩咬破了两位老师的手,原因是老师要他进工作室离开母亲,而他偏不肯,当老师在拉他的时候,他就毫不客气地咬老师一口。

(四)抢夺

他看见好玩的玩具,便要去抢着玩。不晓得幼稚园的玩具是大家玩的,不能任意抢夺别人的玩具。

(五)说谎

年龄比较大的小孩子,他就会用谎话来欺骗老师,以解决他心理上的矛盾。南大幼儿园中二班有一位小朋友,他天天向老师说肚子痛,要回家去,后来慢慢地跟其他小朋友熟了,大家玩得很起劲,他也不再喊肚子痛了。开始说肚子痛可能是谎话,因为开学的时候,他不能适应新的环境,没有玩伴,后来有了朋友和他一起玩,他心理上的矛盾也得到解决了。

(六)逃回家去

有的小孩子,他初到幼稚园并不哭,但是常常一个人偷偷地逃回家去。

三、如何解决上述问题

(一)建立师生关系

一个刚离开父母、离开家庭的小孩,像是一个迷路的羔羊,也像是一只迷失方向的小船,他时时刻刻感到失去依靠,茫茫然无所适从;在这个时候,做教师的就应该去跟他接近,取得他的信任,使他觉得教师是他最可依靠的人。这样,小孩子心理上的孤独感才能消除。南大幼儿园小班有一个小朋友,有一天在马路上被母亲打了,刚巧被园主任看见了,便跑过去劝导他的母亲,并且对这个小朋友说:"你真乖,幼儿园的老师和小朋友都喜欢你,你跟我到里面去玩。"于是便携了他的手同他到里面去,他很听话地到工作室里面去了。因此,对于一个初来园的小朋友,应该好好地建立师生间的关系，以消除他心理上的矛盾。

（二）熟悉环境

对于初进幼稚园的小朋友，应该带他认识环境，认识之后他对幼稚园发生感情了，这样，他就不会感到陌生。

（三）建立儿童间的关系

对于初进幼稚园的小朋友，不但是要他认识物质环境，更重要的是使他熟悉人的环境，使儿童之间建立关系。可以给新来的小朋友介绍朋友，还可以开欢迎会，使新旧小朋友从活动当中很快地熟悉起来，发生感情，这样，小孩子不再感到孤单、陌生。

（四）设置丰富的游戏环境

游戏是儿童的第二生命，我们可以利用儿童爱好游戏的心理，来转移他的心情，像巴甫洛夫的条件反射一样很快地可以得到效果。

（五）设置丰富的教育环境

幼稚园的环境不但要美化，而且要富有教育意义。设置各种各样的工作材料，如饲养兔子、小鸡、小鹅等动物；陈列美丽的图画书、娃娃的家、大小积木、拼图板、各种木制布制玩具以及沙箱、泥工、木工等，以便转移小孩子的心情，使他从各种有教育意义的活动当中，消失对环境的陌生感。

（六）建立家庭与幼稚园之间的联系

单单从幼稚园一方面去做工作，还是不够的，应该跟家庭配合，要对新来的小朋友作家庭访问，了解儿童的家庭环境，与儿童及家庭建立感情，取得密切的联系，并协助家庭改正不正确的教育方法。使家庭教育与幼稚园教育取得一致的步伐，这样，才能使儿童得到合理的教养而健康的成长。

四、教师处理儿童问题应有的态度

（一）应找出问题原因

对于儿童所发生的问题应从多方面去找原因，不能单凭一些现象，而采用不正确的方法。头痛医头，脚痛医脚，有时候会不得要领而发生错误的。因此，我们对于儿童的失常情态，要从调查着手，这样，才不至于发生错误。

(二) 应当要有耐心，要爱儿童

一个教师如果没有耐心，不爱儿童是不行的。有耐心才会仔细地研究问题，才会慢慢地克服困难，而达到目的，完成任务。爱儿童才会很好地带领儿童，教养儿童。因此，做幼稚园教师起码的条件是要有耐心，要爱儿童，尤其在解决儿童各种问题上更要具备这个条件。

总结以上所述，对于如何使儿童适应新环境，一方面是保教工作人员要懂得儿童心理，并对儿童所发生的问题，加以调查和研究，再与家庭取得联系，采取正确的方法，帮助儿童适应新的环境；另一方面，要充实幼稚园的设备，设置丰富的教育环境和游戏环境，使儿童在各种活动当中，对幼稚园发生亲切的感情，进而得到启发，得到教育，使儿童深深地体验到幼稚园是他们的乐园。

论幼儿园的环境布置[①]

对于环境的布置这一个问题，一般的学校和幼稚园，各有不同的看法。有的认为环境的布置非常重要，于是，什么表格呀，挂图呀，画片呀，挂满了整个的墙头，花花绿绿像是新开张的商店，真是琳琅满目，美不胜举；而有的却认为环境无需布置，因此室内一无所有，空空如也。这两种情况，各有偏差。现在，让我们来研讨一下环境的布置这个问题。

一、为什么要布置环境

教育上的环境，在教育的过程中，起着一定的作用，这是不可否认的。大家都知道，儿童爱模仿，所谓近墨者黑，近朱者赤。毫无疑义，儿童从四周的环境中可以得到教育，因此，我们需要布置环境以充实儿童的生活环境，丰富儿童的学习资料。兹就审美的环境和科学的环境二方面加以简单的说明。

（一）审美的环境

爱美是儿童的天性，透过这种天性，可以培养儿童的情感，陶冶儿童性情。因此，幼稚园的环境，在室外应该尽可能地开辟草场、花园、菜圃，栽培美丽鲜艳的花卉和蔬菜、绿荫浓浓的树木；在室内也应该布置一些适当的富有教育意义的挂图、画片、漫画和故事画等等，让儿童在这个美丽的环境里舒畅心身，陶冶情感。

[①] 本文是作者在幼稚教育研究会上的一次演讲，由喻品娟记录，曾发表于《新儿童教育》1951年第六卷第十一期。

(二) 科学的环境

爱自然也是儿童的天性，透过这种天性，可以培养儿童爱科学爱劳动。因此，幼稚园需要布置一个科学的环境，尽可能地领导儿童栽培植物（花卉、菜蔬），布置园庭，从事浇水、除草、收获种子等工作，并饲养动物。经常指导儿童对于环绕着他们的自然界的事物和现象，进行观察和研究，从园地的栽培管理，动物的饲养以至日月星辰的变化，鸟雀鸣虫的歌声，通过儿童的双手和感官，使儿童对自然界的事物得到正确的认识，使儿童懂得自然界与自然现象之间的关系。

以上所述，说明了我们为什么要布置环境。现在，我再来谈谈怎样布置环境。

二、怎样布置环境

(一) 原则

1. 环境的布置要通过儿童的大脑和双手。根据毛主席《实践论》所述，认识来源于实践。因此，通过儿童的思想和双手所布置的环境，可使他对环境中的事物更加认识，也更加爱护。因此，做教师的应该学会如何领导儿童运用大脑和双手，来布置环境。

2. 环境的布置要常常变化。有的教师，一个学期布置一次，不管自己所布置的东西是否已经失掉教育意义，是否已经失掉时间性，也不管它是否已经褪色，让它从开学一直挂到学期结束，甚至一年，二年……这是太不应该了。我们布置环境，要依据社会活动和自然现象，因此，需要常常变化。就是表格，如气候图、整洁表等，也要常常变化。这样，儿童才能得到教育。

3. 高度应以儿童的视线为标准。例如一框照片，一张挂图，打算给儿童看的，就应当挂得低些，使儿童看的时候，不致要高仰脑袋，十分吃力。讲到挂的格式，中国的挂法都是"对称"的。"对称"固然是美的一个因素，但不是惟一的。美是两方面的，划一是美，参差也是美。美中必须有变化，在变化中有统一，在统一中有变化，这才融会贯通，达到纯美的境界。

（二）在什么地方布置

1. 室外布置。根据上面所说，幼稚园需要布置一个审美的环境和科学的环境。那么室外就可以布置花坛、菜地、小动物园；如果有池塘，就可以养鱼、养鹅，一池碧水，浮着几只白鹅，四周飘着几棵垂柳，此情此景多么生动，多么优美。儿童在这个环境里面，一定会自动地去接触各种动植物，无形之中，他对于自然界的事物就得到了正确的认识。在这个基础上，培养儿童对自然的爱好和劳动的观点，并发挥儿童互助合作的精神。这是布置环境所给予儿童的教育。

2. 室内布置。室外布置可以领导儿童来做，室内布置也可以指导儿童来完成。例如要布置小白兔吃萝卜的图案，教师可以事先准备材料，让儿童来剪贴；如果要做娃娃的家，更可以请儿童用木板钉小床、小桌、小椅以及其他用具；就是表格也可以让儿童帮助教师一同挂上去。更可以利用这一活动，各班互助，大班帮助小班，年龄大的小朋友帮助年龄小的小朋友，从工作当中，培养儿童团结互助和友爱的精神。

另外，在室内还可以布置一个自然陈列栏、生物角，使儿童栽培植物，观察植物的变化：发芽、长叶、开花、结果；把鱼和蝌蚪等放在动物缸内，让儿童饲养它们，观察它们的生活状态。此外，在墙壁上，我们可以挂毛主席的像，使儿童认识我们伟大的领袖，并发出热烈的敬爱。另一方面，我们可以结合目前形势，配合社会活动，如抗美援朝、全世界儿童携起手来等等大幅图画，以激发儿童对祖国对人民的热爱。

（三）用什么东西布置

1. 自然物。自然现象，四时不同。如果依时令，利用每一时季中的特殊自然物来布置，可以使儿童认识各种不同的自然现象，这是很有意思的。不过我们用自然物来布置的时候，最好能设法把它改变原有的形状,这样可以更加别致,更加有趣。例如我们用萝卜将有叶的一端切掉,中间挖一个孔,里面填进一些泥土,种豆子或葱。红的萝卜中间,长出碧绿的蕊芽,相映成趣,何等好看,而且还可以让小朋友观察植物如何发芽,研究植物生长时的"向上性"和"向光性"。这种布置既可以美化环境,又可以研究自然物,多么有意思。又如柏树的叶子我们可以拿来布置图案,先用浆糊绘一只狮子,然后再以柏叶粘上去,就可以变成一只绿毛茸茸的狮子了。

到了秋天,有许多种树叶都变成了红色,极适于布置之用。使树叶保存它的色素,有一个方法,就是将蜡烛铺在叶上,上面放一张纸,用不十分热的熨斗隔纸来烫,叶上敷了一层薄蜡,叶中的水分就不易蒸发,也就不易改色了。如果拿红的、绿的、黄的树叶来布置故事的插图,那不是非常新颖有趣的吗?!总而言之,我们应随时利用自然环境。一个幼稚园如果有很好的自然环境那更有办法,一年四季,喜欢用什么来布置就用什么,真所谓"取之不尽,用之不竭"。

2. 儿童成绩。室内布置应以儿童成绩为主,儿童画的画图,剪的剪贴,做的纸工、泥工、木工和其他手工,都应该陈列出来,这样可以鼓励儿童。不过,这里我要提出一点,就是陈列出来的作业,不一定是一班中最好的,应该将儿童成绩分别布置出来,使儿童可以得到自我比赛的机会,这是我们应该特别注意的一点,并经常鼓励儿童集体创作以培养合作的精神。

其次,就要谈到一班中最好的作品,我们也要妥为处置,有一个专门的地方来及时将它布置出来,以便鼓励儿童上进。

拿儿童成绩来布置,必须要注意到时间,要不然,一月、二月,延长下去,失去了时间性,无论对于儿童或参观者都会失去了布置的意义和价值。

3. 有教育意义的图画、挂图和画片。用图画、挂图、画片等布置墙壁,要根据上面所说的,必须通过儿童的大脑和双手才有意义。关于内容方面,上面也谈过了,这里再强调一下,就是内容应根据培养儿童国民公德为主，不要只注意"美术"一方面。

　　总结以上所述，布置环境，应根据自然现象和社会情况，在各个幼稚园现有的条件下，领导儿童一同布置，使儿童从布置环境之中，认识四周环境中的事物，了解事物与事物之间的关联。使儿童从改造环境之中创造环境，并培养儿童坚毅、积极、合作互助等优良品质。

幼稚生自己点名的方法[①]

有一天我到幼稚园里去，看见小孩子坐在地板上，教师把学生的名字一个一个地叫出来，小孩子一个一个地答应。差不多费了三分钟的工夫，小孩子的名字才点好。这种机械式的点名，在小学里已经不适用，何况在幼稚园。当时我就想用什么方法可以免除这种弊病。我想了一想觉得有两种方法。

1. 教师随时记录。在小孩子工作的时候，教师就可以无形中在点名簿上记录，不必惊动小孩子。

2. 早晨谈话的时候，教师可以问小孩子谁没有到，由小孩子说出，教师就可以记录。

第一种方法不大妥当，因为由教师自己记录小孩子没有机会晓得园中的情形，所以不如第二种方法来得好。但是第二种方法也不是顶完美。小孩子虽然有参加点名的机会，可是小孩子自己没有得着积极的鼓励。所以我最后想出下面的方法，使小孩子自己可以记录。

一个幼稚园普通约有两班，一大班，一小班。大班的小孩子，大概可以认识自己的名字，所以我们可以用文字的表格来记录。小班的小孩子既然不能识字，我们应当利用图画来代表文字，因为图画是各个小孩子所喜欢的。所以我们可以叫小孩子自己选择一种动物或花草来代替他。

教师可以把下面的图，一个一个剪下来贴在记名的表上，使小孩子每天早晨到园的时候自己在表格内打一个记号（如"+"）在

---

① 本文原载《儿童教育》1932年第四卷第五期。

图的旁边；教师注上小孩子的名字，使小班的小孩子也可以认识自己的名字。这种方法不仅给小孩子有自动的机会，也可以鼓励小孩子到幼稚园来。

幼稚生点名图

怎样编排幼稚园的日课表[①]

幼稚园里整天的活动，有的已经编排了一张详尽的日程表，年年如是，日日如此，一成不变地照着做各项活动；有的却编排在教师的心里，漫无中心地，每天大概做那几项活动。然而，这问题到底应该怎样解答呢？这是应该提出来讨论的。如果教师要注意到儿童心身的发展，而给予适当的活动，似乎一张日课表是必须要的。不过，这一张日课表应该是活生生的。现在，我根据下面两个原则而拟定一张幼稚生活动日课表，以供各位教师参考。

1. 是根据活教育"五指活动"而编排的。

我为什么要根据五指活动而编排呢？因为五指活动包含了各种课程，和儿童生活打成一片，也可以说是儿童的生活课程。再说"五指活动"这几个字，我们顾名思义也可以理解到，犹如人的五指，它是一个整体，互相联系，而且是帮助我们发抒知、情、意的一个工具。而幼稚园的课程，其目的也就在发展幼稚生的心智和身体。所以我们用五指活动来昭示幼稚园课程的整个性和联贯性，而培养儿童健全的生活为最高理想，下面是五指活动的名称，以及它所包括幼稚园的各项活动。

（1）儿童健康活动：包括游戏、早操、户外活动、整洁与健康检查、午睡、餐点、静息等。

（2）儿童社会活动：包括升旗、早会、社会研究、再会的活动等。

（3）儿童科学活动：包括自然研究、种植、饲养、填气候图等。

（4）儿童艺术活动：包括唱歌、律动、表演、布置、工作、记日记图、玩乐器等。

[①] 本文原载《活教育》1948年第五卷第三期、第四期。

（5）儿童语文活动：包括故事、读法、歌谣、谜语、看图画书等。

2. 是根据儿童兴趣而不拘泥于规定的时间而编排的。

儿童的兴趣，是由于环境的刺激而产生的，譬如研究"端午节"这一个单元，到节后的第一天，在早会时候，儿童一定有说不完的话，一个接一个，重复又重复，大家争着要述说过节的情形。在这种情形之下，早会的时间，应该依儿童的兴趣，略予延长，决不可拘泥于十分钟、一刻钟的早会时间而减少儿童的兴趣。再如研究"蚊蝇"这一个单元，在工作的时候，儿童一定很起劲地做苍蝇拍，那么工作的时间也可以延长。所以我根据这一个原则，只编排活动项目，而没有固定时间的限制。这一张活动日程表是根据上面两个原则而拟定的。

幼稚园活动日程表（夏季适用）

上午

9点钟以前：儿童陆续来园，自由游戏、种植、饲养。

9点钟到11点半钟：

（1）健康社会活动（升旗，早会，早操，整洁与健康检查，数人数，填气候图）。

（2）科学社会活动（观察，研讨）。

（3）艺术活动（工作，布置）。

（4）健康、语文活动（户外活动，静息，儿歌，谜语，餐点）。

（5）艺术活动（唱歌，律动，玩乐器，表演）。

（6）社会活动（整理，放午学）。

下午

2点钟以前：儿童陆续来园。

2点钟到4点钟：

（1）健康活动（午睡）。

（2）语文活动（故事，读法，看图画书，记日记图）。

（3）健康活动（户外活动，游戏）。

（4）社会活动（整理放学）。

幼儿园进行汉语拼音和注音识字教学问题[①]

幼儿园小朋友能不能学习汉语拼音？据我了解，北京、南京、上海有不少幼儿园曾经学过而且学得不错。1961年4月5日《光明日报》登载过周建老写的一篇文章，说他6岁的外甥在幼儿园学了汉语拼音，并用拼音字母写了一封信给他；他也用拼音字母写了复信，拼错的地方，是由他的外甥改正的。这证明当时北京有一些幼儿园教汉语拼音，而小朋友学得很好，能够把大人拼错的改过来。

我自己也有这样类似的经验，我有一个孙女在上海，一个外孙女在北京。她们都叫陈虹，是同年同月生的，她们在6岁的时候开始学习汉语拼音，7岁都进了小学一年级。学了半年之后，都能写汉语拼音的信给我，使我特别感兴趣的，就是上海小虹居然能把汉语拼音正确地按照普通话拼出来注在汉字上面。这个事例可以证明三点：1. 幼儿园小朋友能够学习汉语拼音；2. 小朋友学了汉语拼音对于学习小学语文是很有帮助的，不认识的字可以查字典，这样就可以减轻小学生的负担；3. 幼儿园小朋友对于普通话是容易学习的。

两年前，北京某幼儿园的一位老师对我说："我的一班小朋友，现在是大班生。半年前，他们在中班下（5~6岁）学了半年汉语拼音，基本上都能掌握拼音字母。到了大班，我们的幼儿园与全市幼儿园一样，除少数幼儿园外，一律都停教汉语拼音。"我听了有点愕然。

从上面几个事例来看，幼儿园里大、中班小朋友是能够学习汉语拼音方案的。幼儿园教了汉语拼音之后，对减轻小学生的负担有什么关系呢？关系是相当大的。

---

① 本文原载于《文字改革》1964年8月号。

幼儿园小朋友如果能掌握汉语拼音，进了小学一年级就可以减少学习汉语拼音的时间，把节省下来的时间用到学习汉语上去。这样，小学生的负担不是可以减轻了一些吗？

其次，幼儿园如果进行识字教学，对于小学生的负担能减轻吗？幼儿园小朋友如果能认识百把个字，进了小学不是可以少学这许多字吗？这一点大家都可以同意。有不同看法的是：幼儿园应当不应当进行识字教育和小朋友能不能接受的问题。这个问题，我四五年前曾经在《光明日报》上写过文章，进行识字教学，有赞成的，也有反对的。

反对的理由主要是：幼儿脑子尚未发达，汉字难学，孩子负担不了。

实际上，这种理由不能成立，各国儿童的入学年龄有 7 足岁入学的，如苏联和中国；有 6 岁入学的，如德意志民主共和国和美国；有 5 岁入学的，如英国。

再根据我创办鼓楼幼儿园的一二十年的经验，五六岁的儿童对掌握 100 个左右汉字是没有什么问题的，那时满 6 足岁"毕业"的幼儿生，就能进小学一年级，而且往往能插入二年级，他们的脑子并没有因认识百把个汉字而受到损害，他们的身体也没有受到什么影响。这里，必须指出，"鼓楼"所用的教学方法主要是通过游戏、诗歌、谜语、故事画，结合实地参观访问，教儿童编写日记而进行的。

现在幼儿入园的年龄比过去还要大一岁，识字教学更不成问题了。实际上，今天幼儿园的老师对大班儿童的教育深感棘手，6 岁到 7 岁之间的儿童在体力上已有相当的发展，在学习上已有一定的吸收能力，如果没有适当的教学内容和方法，这样大的儿童确实是不容易教的。现在幼儿园只教 10 以内的数字，语文是不教的，如果幼儿园老师能教以汉语拼音和进行适当的识字教学，儿童读物作者再为幼儿园儿童编写出若干种浅近的幼儿注音读物——包括各种故事、诗歌等，这就给儿童开辟了一个新的世界，儿童可以通过老师和注音幼儿读物的帮助，了解一些模范人物和生活知识。这对于充实儿童的语文知识、扩大儿童的眼界和培养儿童的共产主义道德是有一定影响的。

有人说：进入小学一年级的儿童，大多数是没有进过幼儿园的，如果幼儿园的儿童学了汉语拼音并认识了百把字而进入小学一年级，与没有学过拼音和识字的儿童混在一起，那不是使老师为难吗？放在一班教，对于学过的和初学的都是不利的。依我看来，这个问题不是不能解决的。有条件的小学，可以把学过汉语拼音的学生编在一个班，没有学过汉语拼音的编在另外的班里。没有这种编班条件的，也可以根据复式教学的方法，把一班儿童分成两部分：一部分学过拼音和认识一些汉字，一部分完全是初学的，前者还能起班里学习骨干的作用，起辅导和帮助后者的作用。只要老师善于用点心思，对于因材施教的原则是能够贯彻的。

还有人说：幼儿园推行过汉语拼音方案，但实验结果是失败的，因为幼儿园老师没有学好汉语拼音，他们不但不会教，而且教错了。儿童进了小学，不但要重新学习，而且小学老师要花加倍时间予以纠正。

这个问题，我看也是不难解决的，首先，小学老师会教汉语拼音，也是自己先学而后教人的，只要教育行政部门注意培训汉语拼音的师资，帮助幼儿园老师解决学习汉语拼音的条件，她们就能像小学老师一样，把汉语拼音方案教好。这里，我要着重指出的，就是幼儿是学话的最好时间，幼儿园是推广普通话的重要阵地。无数经验证明，一个四五岁的儿童能在半年之内学会一地方言或一国语言。我有一个友人，他的孙女，生在上海，5岁时随着父母到了北京，进了幼儿园，半年之后，她能说一口北京话，能纠正父母的"上海官话"。所以，幼儿园可以成为推广普通话的阵地。

儿童掌握了汉语拼音，好像掌握了走路的拐棍，识字就容易得多了，所以，我认为幼儿园对儿童进行汉语拼音教育和进行百把个汉字的教学是可能的，也是必要的。

第六章 实施活教育的原则[1]

---

[1] 活教育十七条教学原则曾分别发表在《活教育》月刊各卷,1948年汇编成集,由上海华华书店出版。

凡是儿童自己能够做的，应当让他自己做

没有一个儿童不好动，也没有一个儿童不喜欢自己做。6个月的小孩子，看见桌上有红的橘子，一定要伸着手来拿拿看。

1岁的小孩子，刚刚学走的时候，他一定要沿着椅子桌子自己走。你若抱了他，不让他走，他会挣扎，一定要下去。

1岁半的小孩子，他要自己吃饭，他要拿着汤匙，装着饭菜，放进嘴里。假如你要喂他，把他的汤匙拿去，他一定会挣扎。你若勉强地把饭放在他嘴里，他会把饭吐出来，张着嘴巴，号啕大哭呢！

这是什么缘故呢？他若自己动手，自己吃饭，可以得着肌肉运动的快感。嘴巴也得着相当的滋味，即使汤匙拿得不稳，饭菜装得不牢掉在桌上、身上，但这是一种练习的好机会。他已经会做了，我们应当让他自己做，虽然做得不是很好，但是于整个学习看起来，没有多大的关系。况且初次的失败，是必经的步骤。我们应当让他自己去学习去试验，不做不试验，他就学不会了。

我曾经在北京看见一个10岁的独生子，衣服要别人给他穿的；饭要别人喂给他吃的；走进走出，还要人跟着他。你看这个小孩子，因为没有得着练习的机会，已经失掉了活动的能力。

在学校里的一切活动，凡是儿童自己能够做的，应当让他自己做，做了就与事物发生直接的接触，就得着直接的经验，就知道做事的困难，就认识事物的性质。

要知道做事的兴趣，愈做愈浓，做事的能力，愈做愈强。

这种情形，不仅儿童是如此，中学生也是这样的。去年实验幼师在荒山上建立的时候，许多工作都是由一百多个女生自己动手来做的，这些女生，虽然不是过惯养尊处优的那种悠闲的生活，却不是劳动惯的。记得当初筑路的时候，学生的兴趣虽然是很好的，但

她们的工作却进行得很慢，锄头拿不动，铁耙提不起，就是提起来挖下去，土也挖得不深。有的手上还会擦破了皮，肿起了泡，有的到晚间，睡在床上，两腿觉得酸痛，哼哼叫苦呢！这是什么缘故呢？因为她们没有做惯，所以开始的时候，一动就觉得很累。

几个月之后，手起茧了，力气大了，锄头也觉得轻了，筑路的技术也高明得多了，筑路的兴趣也格外浓厚了。

不但筑路是如此，编草也是如此，烧饭也是如此。不仅仅劳动是如此，一切的活动都是如此。

"做"这个原则，是教学的基本原则，一切的学习，不论是肌肉的，不论是感觉的，不论是神经的，都要靠"做"的。不看花卉，不能欣赏花卉的美丽，不听音乐，不能欣赏音乐的感染力，不尝甜酸苦辣，哪会知道甜酸苦辣的味儿呢？不是胼手胝足，哪会知道"粒粒皆辛苦"呢！

所以凡是学生能够自己做的，你应该让他自己做。

凡是儿童自己能够想的，应当让他自己想

一切教学，不仅仅在做上打基础，也应当在思想上做工夫。我这里要声明的，就是思想照行为心理学说来，原是一种动作。不过为一般人的了解起见，我们不妨把思想和动作分开来说。

最危险的，就是儿童没有思考的机会。我们人一天到晚所做的事情，所有的活动，十之八九都是习惯。早上起来，穿衣服是习惯，吃饭是习惯，走路是习惯，写字是习惯，运动是习惯，睡眠是习惯，一切的一切，都受习惯的支配，思考的时间却是很少。

在学校里读书，教师在教室里对学生讲，学生望着教师竖着耳朵听。好一点的，教师在黑板上写写，学生在抄本上记记，要思考的是老师，儿童不过听听、看看、写写罢了。

这种注入式的教学法，用不着儿童思考的。但要知道思考是行动之母，思考没有受过锻炼，行动就等于盲动，流于妄动。

有一天，一个9岁的小孩子问我："竹管里有空气吗？如果有的，怎样会进去的？"这个问题是多么好。我们应当怎样鼓励他去想出种种的方法，来解决这个有意义的问题？那时我也答不出来，想了几天，我就同他共同来研究这个问题。

我们预备了一根两端有节的竹管和一桶水、一个钻子。我先把竹管放在水里问他："假使竹管里没有空气，我把竹管钻一个洞，你留心看水会怎么样？假使竹管里有空气，你想有什么东西会从竹管里出来？"问了以后，我就在节上钻了一个洞，一个一个的小泡从小洞中钻出来了。他看见了小泡，就喊起来说："空气！空气！"

这个小小的实验，证明竹子里是有空气，小孩子自己亲眼看见的。这个实验，假使小孩子大一点的话，应当自己去想出来，不过因为他年龄太小，一时想不出，所以我同他一起做。等到小泡泡一

出来，他就想到这是空气。这一点我们可以不必告诉他，泡泡就是空气。假使连这一点我们都要告诉他，那这种实验，就没有多大意义了。

过了一年后，他在学校里，也做这个实验，老师问他说："空气怎样进去的？"他就能够回答说："竹管里有空气，从小就有的，有什么证据呢？我看见竹子里面有水，有水就有空气，因为水里是有空气的。还有，水能够进去，空气也能进去的。"这个10岁的小孩子一年的工夫，能够有这种思想，这种理解，那将来当未可限量。这个小孩子在9岁以前，已经能够自动地思想。做父母的做教师的，也能够鼓励他思想，所以到今天，他的思想比十五六岁的孩子还要来得深刻呢！

这不过是一个例子而已，举凡在学校里面各种的活动，各种的教学，你都不应该直接去告诉他种种的结果，应当让儿童自己去实验，去思想，去求结果。

他的方法不一定对，他的思想不一定正确，他所获得的结果不一定满意；我们教师的责任，是在从旁指导儿童，怎样研究，怎样思想。越俎代庖，是教学中的大错。直接经验，自己思想，是学习中的惟一门径。

你要儿童怎样做，就应当教儿童怎样学

在陆地上学游泳，是没有多大用处的。儿童尽管在陆地上日夜练习游泳，一到水里，还是要溺死的。你要儿童游水，你一定要在水里教他学；而且要他自己也实地到水里去，否则，光是你游泳给他看是没有用处的。

学生不论男女，应当会烧饭。单单在教室里讲饭怎样煮，菜怎样烧，鱼怎样煎，肉怎样煨，虽然讲得津津有味，学生听得垂涎三尺，但是到了厨房里，学生还是不会烧饭的，饭还是要烧焦，菜还是烧不出味来。你要学生烧饭，你一定要给他一个适当的设备，相当的机会，让他自己动手学习的。

你要儿童说话说得很得体，做人做得很好，你要他处世接物都很得当，你一定要使他在适当的环境之内得到相当的学习。

鼓励儿童去发现他自己的世界

学校里所学的实在是很少,即使老师拼命地注入、填塞,而儿童所学的东西,还是不够应用的;况且所填塞的东西,都不容易消化,不容易理解,吃了进去,也是如同吞枣,而和学问的修养,仍是没有多大关系的。

在学校里,老师教一样,你学一样,老师教两样,你就学两样,老师不教,你就不学。一学期薄薄的几本教科书,就可作为教师惟一的教书法宝,就可作为儿童惟一的知识宝库。

把一本教科书摊开来,遮住了儿童的两只眼睛,儿童所看见的世界,不过是一本6寸高、8寸阔的书本世界而已。一天到晚要儿童在这个渺小的书本世界里面去求知识,去求学问,去学做人,岂不是等于梦想吗?

儿童的世界多么大,有伟大的自然亟待他去发现,有广博的大社会亟待他去探讨。什么四季鲜艳夺目的花草树木,什么光怪陆离的虫鱼禽兽,什么变化莫测的风霜雨雪,什么奇妙伟大的日月星辰,都是儿童知识的宝库。

大社会也是儿童的世界,家庭怎样组织的,乡镇怎样自治的,社会上的风俗习惯怎样形成的,国家怎样富强的,世界怎样进化的,这一切社会的实际问题,都是儿童的活教材。

南京鼓楼幼稚园的小朋友,对于自然就发生很大的兴趣。看见田野的花草,就会去采来问老师,看见花木间的蝴蝶昆虫,就会去捉来研究。地上的石子、矿物,也会去收集陈列。

有一次,有一个小学里的小孩子,在家里开了一个博物展览会,请了许多小孩子来参观。有什么东西展览呢?说来很有趣,在一个房间的角上,展览了什么铜币、贝壳、矿物、鸟蛋、邮票、石子、碎玻璃片，小孩看得很高兴。这是小小的博物世界，是儿童自己发现的，是儿童自己创造的。

不要说大自然大社会应当鼓励儿童自己去发现，就是图画也应当要儿童自己去发现，去培养的。

教师只在教室里教儿童画图，画什么一瓶死花、3只死鸟、几样水果，那引不起儿童画画的兴趣。你一定要带他到大自然里去实地写生，到大社会里去写真，那么儿童画画的兴趣就会增加，画画的技术就会提高。

我知道有一个小孩子得着父亲的鼓励，出去总是带着一本画册的。看见一个挑馄饨担的，他就给他画一张。看见抬轿的，他也画一张。看见乡下人挑着小孩子进城的，他也画一张。社会上一切的对象，都是他画画的好材料。日积月累，他的兴趣一天一天的浓厚，他的作品一天一天的多起来，他的画画技术，也一天一天的精起来了。

儿童的世界，是儿童自己去探讨，去发现的。他自己所求来的知识，才是真知识，他自己所发现的世界，才是他的真世界。

积极的鼓励胜于消极的制裁

没有一个人不喜欢听好话的,也没有一个人喜欢人家骂他的。这种心理,是每个人都有的。我们可以利用这种心理来鼓励儿童怎样做人,怎样求学。

我们小时在私塾里读书的时候,就喜欢吃"红鸭蛋",假使吃了几根"红心甘蔗",那放学回家,心中就要快快不乐呢!

假使今天吃两个"红鸭蛋",明天写字的时候,就希望吃3个"红鸭蛋"。明天吃3个"红鸭蛋",就希望后天吃4个"红鸭蛋"。这种小小的鼓励,可以增加儿童学习的兴趣,促进儿童求知的欲望。总之,鼓励,不论是物质的还是精神的,都是非常重要的。

在学校里鼓励的机会格外多,你若看见小朋友在地上拾起纸屑,你就应该对他说:"啊!小朋友,你真做得好!"小朋友听到这类鼓励的话,下次看见纸屑,他一定要拾起来。假使今天你看见一位小朋友的文章,做得比上次好,你也应当鼓励他,对他说:"这次你的作文,比上次进步了。"这个小朋友,对于作文的兴趣,一定格外浓厚了。

假使你看见一个小朋友演说得好,你称赞他几句,这个小朋友对于演说,一定会格外努力。随便什么事,你要小孩子怎样做,做什么样的人,学什么样的事,求什么样的知识,研究什么样的问题,你要有一个法宝,什么法宝呢?就是"鼓励"。

反过来说,消极的制裁不仅没有好处,反而有害。

有一个新生,他是口吃,说起话来总是说不出来。他的老师不明了口吃的心理,骂他说:"你这样大的年纪,说话都说不清楚,你好好地说!"这样一骂,他反而一句话都说不出来了。这是什么心理呢?你骂他使他自己觉得是口吃,一有这种感觉,他就格外说不出来了。

你若看见了口吃的人，应当怎样教他呢？你绝对不要说他，你一听到他有一句话说得不口吃，就称赞他说："啊！你这句话说得好。"这样一来，他的胆子就大了，他的胆子一大，口吃的毛病就会减少，慢慢地口吃就会无形中消灭了。

从前，旧式的学校管理儿童，总是用消极的方法制裁的。什么不准随地吐痰，纸屑不准随地乱抛，不得高声说话，不得无故缺席，不得在墙上乱涂。设施都是消极的。

活教育不是消极的，是积极的。你不要禁止小孩子不做这样，不做那样，你要教小孩子做这样，做那样。你不要禁止乱抛纸屑，你要鼓励小孩子把地上的纸屑拾起来，丢在字纸篓里。你不要禁止小孩子在墙上乱涂，你要鼓励小孩子把肮脏的墙壁怎样刷白。你不要禁止小孩子高声说话，你要鼓励小孩子在公共场所怎样轻轻地讲话。

一切的一切，你要用鼓励的方法来控制儿童的行为，来督促儿童的求学。消极的制裁不会产生多大的效果，有时候反而容易引起他的反感呢！

大自然大社会是我们的活教材

有一天,我在上海参观一个小学。还没有走进教室,就听见小朋友齐声朗诵,什么"嗡嗡嗡,嗡嗡嗡,飞到西,飞到东,一天到晚忙做工"。

我就进去,问小朋友说:"哪个看见过蜜蜂,举手!"四十来个小朋友之中,只有两个举起手来。这种知识,有什么用呢?这种书本的教学,真是害人,小孩对于蜜蜂,完全没有经验,读了一课《蜜蜂》,不知道蜜蜂是什么东西,蜜蜂怎样工作?怎样生活?对于人有什么关系?这种种重要的事实,小孩子茫然不知。小孩子所知道的,只是会飞会叫的飞虫而已。我们为什么不教小孩子去研究真的蜜蜂呢?我们为什么不向大自然领教呢?

有一天,我去参观一个小学。这小学在一个小菜场的后面,参观之后,我就问教自然的老师:"你教自然有什么困难呢?"

他说:"自然真不容易教,没有标本,没有仪器,怎样教得好呢?"

我就转过身来指着前面的小菜场对他说:"这不是你的标本,你的仪器吗?一年四季,季季有各种蔬菜,天天都有新鲜的鱼虾。在这个时候,你可以买几个红萝卜来,把它切成两段,把生叶子的这一段,用绳子做一个网儿挂起来,再在剖开的一端挖一个洞,洞里放一点泥,种点豆儿葱蒜,天天浇浇水。过了几天,叶子生出来了,葱豆都发出芽来了。再过几天,葱豆都发荣滋长,葱茏可爱,挂在教室里,好像一盏红灯笼,鲜艳夺目,非常美丽。在这个活动里,小朋友可以知道种子怎样发芽,植物怎样生长,也可以把教室布置得新颖悦目。这种教材多么有生气!多么有意义!"

我又对他说:"鱼虾是很好的教材,菜场里蚌、蛤、鱼、鳝、虾、蟹，种种不同的生物，都可以做儿童的好教材。你可以买几条鱼来，同儿童研究一下，鱼怎样会游水的，怎样会游上游下，转弯抹角，怎样呼吸，怎样食物，这种种问题，都可以试验研究。

"你滴一点墨水在水里，就可以看见鱼会把墨水从嘴里吸进去，再从腮里吐出来。

"你也可以把鱼剖开来，看鱼鳔是怎样的？鱼鳔有什么用处？假定你再要研究高深一点，你要知道鱼在水里呼吸什么东西，除了吃小虫之外，它是不是需要空气的。你也可以把它试验一下，它不吃小虫，还能活的，若吸不着空气，就会死的，怎样试验呢？这也简单得很！

"你把它放在普通的水里，看它怎样，你再把它放在冷开水里，看它怎样。

"这个小菜场，是你的标本，是你的仪器，是你的宝库，即所谓'取之不尽，用之不竭'。这是活教材，这是活知识，这是活教育。小孩子看了一定很高兴，做起来一定很快乐，所得到的知识很丰富，所得到的观念很正确。"

亲爱的教师，大自然是我们最好的教师。大自然充满了活教材，大自然是我们的教科书，我们要张开眼睛去仔细看看，要伸出两手去缜密地研究。

现在，我的房子四周，不知有多少鲜艳的花草，奇异的昆虫，美丽的飞鸟。

昨天，有一个朋友在地上拔了根一尺多长的木本小树对我说："这是做蜡纸的原料。"他把树皮剥下来，叫我拉拉看，我拉了半天，还是拉不断，树皮非常之韧，树皮的纤维非常之细。

这种丛木，到了冬天在干枝上开了很美丽的紫花，到了春天在干枝上长了碧绿的叶子，结了珠子似的小果子。漫山遍野，好像杜鹃花似的到处生长。在浙江这种树已经变成宝贝了。十几年来，日本人到中国买了去，做了蜡纸卖给我们。英国人也买了这种树做了蜡纸卖给我们，一年几百万，利权外溢，我们自己还不知道利用。

现在，我住的地方，山前山后到处都有，单单泰和一个地方，不知有多少，全江西那更不必说了。恐怕不但江西有，湖南也有，恐怕广西有，广东也有。所谓"遍地黄金，俯拾皆是"。我们做教师的，应当如何张开眼睛去仔细看看，运用两手去缜密地研究？

这种有价值的活教材，在大自然中多得很。种地是最好的活动，什么蔬菜，什么山薯，什么玉蜀黍，什么萝卜，无数的东西都可以做种植的好材料。

饲养家畜，也是很有价值的好活动，什么养鸡养鸭，养猪养羊，养蜜蜂，养鸽子，都富有生产意义的。

所以，亲爱的教师，书本上的知识，是间接的知识，你要获得直接的知识，确实而经济，你应当从大自然中去追求，去探讨。

大自然是我们知识的宝库，是我们的活教材，活教师，我们应当向它领教，向它探讨。大社会何尝不是我们生活的宝库，何尝不是我们的活教材、我们的活教师呢？

这个世界是多么神秘，这个社会是多么复杂。这次的抗战，是我们民族史上最伟大、最光荣的战争。这次的欧洲大战，是法西斯主义与民主主义的大决斗。我们做教师的，为什么不教学生研究时事，探讨史地？从研究时事中我们可以得到宝贵的教训，从探讨抗日与欧战有关的史地中我们又可以得到宝贵的活知识。我们若一研究这次敌人进攻沿海各城市，就可以研究出各城市对于抗战的重要性。比如敌人为什么要占领宁波、台州、温州、福州、余姚、绍兴呢？理由是很简单、很明显的。敌人要封锁我们的海口，要掠夺我们的资源。宁波、台州、温州、福州，都是重要的海口，若被封锁，虽于最后胜利无大关系，但对于我们的运输，却有相当的影响。

这种教学，教师教起来，多么生动，多么深刻；学生学起来，多么兴奋，多么有趣。我们何必一定要把一部活地理四分五裂，呆呆板板地教小孩子死记死读；我们何必一定要把一部中华民族进化史支离破碎，一朝一朝呆呆板板地教小孩子死记死读呢？我们为什么不去研究抗战来做研究史地的中心或出发点呢？我们为什么不研究第二次世界大战来了解各国的史地及其民族的文化呢？大自然大社会都是我们的活教材，我们为什么不从"现代"的活教材研究到"过去"的史事、"过去"的地理呢！

比较教学法

比较的教学法有什么好处呢？它能使小孩子对于所学的事物，认识得格外正确，印刻得格外深切，记忆得格外持久。这句话究竟怎样讲呢？让我来说个明白。比方我们教小孩子去研究一只猫，最好我们用一只狗去同它比较一下。我们可以这样讲给小孩子听："猫喜欢吃鱼，狗喜欢吃肉；猫会捉老鼠，狗会打猎；猫有一种特别的武器，你们应当注意的。它有一副铁钩似的脚爪，走路的时候，脚爪缩在肉垫里，不会出一点小声音，一看见老鼠，伸出脚爪，把老鼠一把抓住，这是它捉老鼠的妙法。狗儿也有一种特别的武器。它有非常灵敏的嗅觉，它利用这种嗅觉，帮助我们打猎，帮助我们捉贼，帮助我们破获盗案。"

我们把狗、猫这样一比较，小孩子对于狗、猫的认识，不是格外正确吗？小孩子所得到的印象不是格外深刻吗？不但如此，小孩子会格外喜欢猫、狗，会格外高兴研究猫、狗呢！

假使我们教小孩子认识鸡的特点，最好我们也用比较教学法。我们可以用鸭子和鸡来比较。鸭子嘴巴是扁的，鸡的嘴巴是尖的。为什么鸡的嘴巴是尖的呢？因为便于在地上找东西吃。鸭子的嘴巴为什么是扁的呢？因为便于在水里找东西吃。鸡的脚是三个分开的爪，便于在地上走路。鸭子的脚趾中间有蹼，便于在水里游水。这样一比较，对于鸡鸭的认识不是格外清楚、格外正确吗？

各种常识都可以用比较的教学法来教，国语也应当用这种教学法教的。比如要小孩子认识"收穫"的"穫"字，你最好用"獲得"的"獲"字做一个比较。这个"穫"字是"禾"字旁，是收稻的意思。那个"獲"字是反"犬"旁，是打猎的意思。这样一比，两个字就分析得很清楚，小孩子就易认识，容易记得牢了。不但教单字应当这样比较，就是联词也应当如此。比如你教"勇敢"两个字，最好用"胆怯"两个字来对比。你教"虚伪"两个字，最好用"诚实"两个字来对比。教句子最好也用比较的方法去教。

我们看下面的句子：

（一）这里画只猫，那里画只狗。

（二）这里画一只猫，那里画两只狗。

（三）这里画猫，那里画狗。

这三句句子都是对的，但每一句句子都有不同的地方。第一句单说"只"，没有说"一只猫""一只狗"，这个"一"字加不加没有关系，也可以说不加倒来得好。为什么不必加呢？因为这句句子里的意思，注重在猫在狗，不是注重在一只两只，你若写了一只猫一只狗，就把句子的重要性分散了。

第二句的意思和第一句有点不同，第二句句子是注重在只数，所以这里"一只"，那里"两只"的"一""两"数目字，必须明白地表示出来。

第三句的情形又不同了。注重性是在地方，东西的多少不必说出来的。

你看，这三句句子，句句都有它的特性，第一句句子表明东西（猫狗）；第二句句子表明数目；第三句句子表明地方。你这样一比较，一指导，小孩子对于字句的认识，格外清楚，小孩子所得到的印象，也就格外深刻了。

常识国语果然要用比较方法来教，音乐美术也应当用比较的方法教。

我们先说音乐吧。有的人唱起歌来，用喉音的，声音从喉咙里榨出来的。要校正这错误，你应当唱给他听两种声音，一种从胸部腹部发出来的，一种从那喉咙里榨出来的。小孩子听见了这两种不同的声音，就能明白声音应当怎样发的。假使你不用这种比较的方法去教他，你也不唱给他听，只单教他不要从喉咙榨出声音来，你尽管说，尽管骂，他还是不懂的。但是你把两种声音一比较，他就能听出好坏来了。这样小孩子学起音乐来就便当得多了。

颜色也要用比较法去教的。各种颜色一比较，颜色的特质就格外来得显著。中国有句话，"万绿丛中一点红"。这一点红经绿一衬显得格外红，绿同红一比显得格外绿了。没有红，不容易显出绿的美，没有绿，不容易显出红的艳。红绿两色互相为用呢。

我们又有一句话"黑白分明"。这句话什么意思呢？若是我们只有"黑"而没有"白"，那这种黑究竟黑到什么程度，我们不容易看出来。若是我们只有"白"而没有"黑"，那这种"白"也不会很显然的。但一经比较，黑白的颜色就显得格外清楚了，这是用一种对比的方式来说的。

假定你问到这种白色的深度，那你必须把它同标准的白色来比较。你若要知道黑色的深度，那你必须把它同标准的黑色来比较。所以要分辨颜色是深浅美丑，我们应当采用比较的方法。

你若讲到物体的美，那更加要用比较的方法来决定了。你说这个人美，那个人丑，我相信在你的脑海中，一定有一个标准美或者一个标准丑。不然，人的美丑，你一定分别不出来的。看了下面三个图，就能明白我所说的话了。

假定这里只有一个图，你不能说这个图丑，有了第二个图，你就可以看出第一个图画得丑，假如只有第三个图而没有第一个图、第二个图，你也不能说第三个图画得最美。有了第三个图，就可以看出哪一个丑，哪一个美，哪一个不丑不美。

我们再举一个例子。你看下面四个图，哪一个最好看？你一看就喜欢第四个图，假定只有第一个图，你不能说它好看，或者不好看。但是你用几个图一比较，好坏你就看出来了。

$+_1 \quad +_2 \quad +_3 \quad +_4$

看了上面所说的话，我们不妨武断地下一个结论，就是：常识、国语应当这样教，音乐、美术应当这样教，一切课程也都应当这样教。

现在我们再进一步说，不但知识应当这样教，做人也应当这样教。

有一天，有一个7岁大的女孩子到我家里来同我的小孩子玩。我一看她，心里觉得很快乐。这个女孩子生得非常可爱，圆圆的脸孔、雪白的牙齿，身上穿得干干净净，满脸还堆着笑容。

我就问她："你的牙齿多么白，怎么会这样白的呢？"她说："我天天刷牙齿的。"

我问："你一天刷几遍呢？"

她说："早上起来刷一刷，晚上要睡觉了再刷一刷。"

等到这个女孩子出去了，我就对我的小孩子说："刚才来的小朋友不是很可爱吗？她的脸总是笑眯眯的，她的衣服干干净净的，她的牙齿雪白的，你要像她一样可爱吗？"

她说："要的，要的。"

我说："那么你应当怎样做呢？"

她说："我要有笑眯眯的脸孔，干干净净的衣服，洁白的牙齿，每天早晨刷一遍，晚上刷一遍。"

我说："对啦！对啦！"

这是用比较的方法来教我的小孩子怎样做人。做事也应当这样教。

我们在学校里教小孩子做人做事，现身说法给小孩子看，一方面教师以身作则，一方面用中外古今名人的故事来教。什么《孔融让梨》，什么《司马光破缸救同伴》，什么《花木兰从军》，什么

《岳飞精忠报国》，什么《七十二烈士为国殉难》，什么《华盛顿砍樱桃树》，什么《林肯解放黑奴》，什么《南丁格尔救护伤兵》，等等。这种种故事，都是教小孩子怎样做人，怎样做事，这种教法，比较来得具体，比较来得生动。

总而言之，比较教学法在教育上有很大的价值，在学校里应当占着很重要的地位。你若用这种方法去教小孩子，那小孩子对于所学的事物一定学得格外有兴趣，认识得格外清楚，印刻得格外深切，记忆得格外持久了。

用比赛的方法来增进学习的效率

儿童大都喜欢比赛，喜欢竞争的。做教师的应当利用这种心理去教导儿童，去增加儿童的兴趣，去促进学习的效率。所以在学校里，有什么作文比赛、演讲比赛、阅读比赛、书法比赛、足球比赛、乒乓球比赛、图画比赛，甚至于科学比赛、健康比赛。什么科学，什么活动，在学校里都可以比赛，这种比赛式的教学，各国都曾经充分利用的。

这种比赛的教学法，究竟有什么好处呢？

小孩子本来不喜欢读书做事，一有比赛，小孩子就会高兴读书，努力做事。

上学期幼师附小举行了一个运动会。在未开会之前，儿童对于运动，没有什么兴趣，一听说学校要举行运动会，他们就很高兴。在准备的时间，各班的儿童都争先恐后地练习。开运动会的时候，他们就玩得很高兴。

比赛似乎是一种魔力，普通的小孩子都喜欢。比赛的确可以提高兴趣，增进效率。

比赛这种活动，不要说小孩子喜欢做，成人也都喜欢的。在美国，运动比赛是最热烈了。冬天有冬天的运动比赛，夏天有夏天的运动比赛，学校有足球队、棒球队。这个大学同那个大学比赛。一到星期六，全国各大学都忙于运动比赛。学校固然有学校的各种球类运动组织，全国各大城市也都有个运动组织。这种组织带营业性的，参加的会员都以运动作为一种职业。所以到了星期六下午，全国各地到处都有运动比赛。在这种职业性的运动中，打拳、角力是两种很重要的运动比赛。所以美国全国人民对于运动比赛真有点疯狂的热烈。成人不但喜欢比赛运动，就是工作也喜欢用比赛方法来做的。

几年前我到苏联去，看见一个工厂里用比赛的方法来鼓励工人加紧生产。我看见在黑板上画了一张表。

图	工人姓名	分　数
蜗牛		41～50
牛		51～60
马		61～70
自行车		71～80
火车		81～90
飞机		91～100

蜗牛代表最慢的工作、最少的生产，飞机代表最快的工作、最多的生产。每星期考查一次，考查的时候，根据一定的标准，每个图代表工作的进展、产量的多少。根据这种已定的标准，把工人的名次重新登记在表上。到了火车一级的就得着一种奖。到了飞机一级的，又有一种特别奖。

这种奖品是很有意思的。我看见在电影院中最好的两排座位，叫做荣誉座，就是给工作成绩最优良的人坐的；或者免费坐船乘车到郊外去游玩；或者领了免费的荣誉券到餐馆里去吃东西。

这样说来，比赛的方法，在学校里可以提高兴趣，鼓励学习，增加效率，在社会上可以加紧工作，增进生产。

但是比赛也有种种的弊病，我们不得不避免的。

从前我在东大教书的时候，有两个中学借我们的操场比赛足球，甲校被乙校打败了。乙校的学生，都显出骄傲的态度，对甲校的同学非常无礼，既不准甲校的同学从大门回去，又要赶他们从后门出去，嘴里还要大声喊着说："呵嘘！呵嘘！"好像赶猪狗的样子。其实这种无礼的举动，还不算什么。有时候，在运动场上双方会动起全武行来；有时候学生不听指挥，反抗命令，反而把评判员痛打一顿。像这样的比赛，这种竞争，不但没有好处，反而养成许多坏的习性,什么打胜了就骄傲,打败了就灰心,不服从评判,不遵守指挥,竞争变成倾轧,比赛变成妒嫉。

我们应当怎样举行比赛呢?比赛的时候,应当用什么态度?要怎样指导?

在美国哈佛和耶鲁两大学每年比赛足球,看的人有7万之多,一张票要卖到5块至10块美金。比赛的时候,双方的队员都十分激昂,观众的情绪都十分热烈,这边拉拉队"拉拉拉",那边拉拉队"哗哗哗",若是一个球踢进球门,全场的7万观众都会大声喊叫,似疯若狂,兴奋异常。在这种情形之下,胜利是多么荣耀,失败是多么丢脸。但实际的情形是怎样的呢?

比赛一毕,胜负一决,败的一边队员毫不气馁,反而鼓着余勇跑到胜的一边队员那里,同他们握手,庆祝胜利,表示敬佩。这种"体育精神",实在是了不起的。胜的并不骄傲,败的也不灰心。这种比赛,真正能提高尚武精神,增加运动兴趣,促进体育效率,于公于私,都有莫大的益处,做事做人,得着很好的教训。运动比赛应当有这种光明的态度,各种校内校外比赛都应当也有这种宝贵的精神。所以我们要教小孩子怎样接受胜利,怎样担负失败,要使得胜者不骄,败者不馁;不但在运动场上是如此,在教室里也应如此;现在做学生时是如此,将来在社会上做人也应如此。

比赛通常分两种,一种同人比赛,一种同自己比赛。同人比赛又分两种,一种是团体比赛,一种是个人比赛。足球、排球、篮球等,都是团体比赛。还有田径赛,差不多都是个人比赛。

清洁比赛、演说比赛、健康比赛都是注重在个人的。究竟是团体比赛要紧呢,还是个人比赛要紧?

在学校里个人比赛的价值,不及团体比赛来得大。在团体比赛中,我们可以学习许多做人做事的美德,合作、牺牲、互助,都是在团体中养成的。

比如比赛篮球,对方把球打过来,你接到了它,不要横冲直撞不顾前后左右,只想把球丢中目标,表示自己的能干,这种玩法绝对不会成功的。你要看看这个球应当递给什么人,不必自己来居功,你一定要同人合作,你应当丢的时候丢,不应当丢的时候不要丢。你的责任是怎样同人合作,把球怎样传给别人,要知道别人的成功,就是你的成功,也就是团体的成功。在团体比赛之中,合作第一,互助第一,个人的利益必须放弃,团体的胜利务必保持。

像这一种牺牲、合作的精神,只能在团体比赛里养成。不过在这里我们要注意的,就是团体的范围不要太狭窄了。有时候学校举行清洁比赛以班级来做单位,固然是很对的,但这里还有两种危险,我们要防备的:第一,个性似乎不容易发展;第二,团体中容易发生摩擦。

在学校里,个人的比赛当然是可以有的,不过不要太注重。团体比赛应当注重,不过不要太过分了;注重过分,就会发生摩擦和倾轧。所以有的时候,要把团体比赛的范围扩大。怎样扩大呢?就是把学校里的小团体集合起来,同别的学校来比赛,这样小我大我化,小团体集合化了。

以学校做单位,固然比以班级做单位来得大,但范围还是不够大,所以有时候,我们要举行以省为单位的全国性的比赛呢!

现在我们来讲自己和自己比赛吧!这种方法,在欧美的新学校已经试用且有成效了。究竟怎样实施呢,那要看各种比赛的性质了。

各种自我比赛,究竟隔多少时间举行一次呢?每星期举行未免太麻烦了。每学期一次,似乎相隔太长久了。每个月一次,来得妥当些,教师的精力,学生的精力,都能够顾得到。下面的一张表格,可以作为参考:

这种比赛,实际上是很简单的,就是小孩子的成绩每月考查一次,考查的分数,就是比赛的结果。这种比赛,究竟有什么好处呢?

第一,小孩子容易受到鼓励,不容易灰心。

比如乙儿和甲儿比赛,甲儿的智力不如乙儿,乙儿的智力是100分,甲儿的智力只有50分,两人比赛,甲儿非常用功、非常努力,乙儿是很偷懒的。一个月之后,两儿的成绩究竟怎样呢?甲儿因为天资较差，虽然努力，还只能得到60分，而乙儿因天资较高，虽然懒惰，仍旧可以得到80分。若是我们单凭分数来做比赛的根据，那不是很不公平吗？偷懒的得着奖励，努力的反而得着灰心？所以与人比赛，不及自我比赛来得妥当，自我比赛就没有这种毛病了。

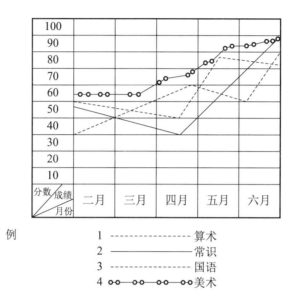

自我比赛没有什么聪明愚笨的分别，只有努力和懒惰的问题，懒惰只有退步，努力当然进步。

自我比赛的时候，每个儿童当然努力；一努力成绩就会来得好，成绩来得好，儿童就容易得着鼓励；一得着鼓励，儿童就有兴趣；一得着兴趣，儿童就容易努力；一努力学业就有进步。所以自我比赛，儿童容易得着鼓励，容易学得多，做得好。

第二，儿童明了自己的成绩，高兴学习。

从儿童的学习心理看来，凡是儿童知道自己的成绩，就容易产生学习的兴趣。上面所举的成绩进展表，就是使儿童容易明了自己的成绩，容易引起学习的兴趣。

我们现在把上面所说的再简单地总起来说几句：凡是普通儿童

都是喜欢比赛的。比赛有什么好处呢？比赛可以增加学习兴趣，提高学习效率。比赛分团体和个人两种，团体比赛的价值比个人比赛的来得大，合作、互助、牺牲精神可在团体比赛中培养的。但团体的范围应当常常加以扩大，不要变得太狭窄。比赛中有两种精神，小孩子必须要学到的，就是胜者不骄，败者不馁。个人比赛又分两种，就是与人比赛和自我比赛，自我比赛较来得妥当，我们应当多多采用。

积极的暗示胜于消极的命令

亲爱的教师，我来提出几个问题，请你答答看！

（一）一个4岁的男孩子，蓬了头，拖了鼻涕，跑到学校里来读书，你应当怎样教他？

（二）一个5岁的女孩，在操场上游玩，听见上课铃就赶快跑，一个不留心，被树根一钩，扑的一声跌了一跤，那时你在后面看见了，应当怎样教她？怎样对她说？

（三）一个十来岁的小孩子，胆子非常之小，一到晚上就不敢到黑暗的地方去，你应当怎样教他不怕黑暗？

（四）一个11岁的男孩子，喜欢拿人家的东西，你应当怎样教他？

这些问题，你看了有何感想？粗看，很简单，仔细研究起来，倒也很复杂很难解答的。我们不妨来试试看。

第一个问题是清洁的问题。这个问题，可以从两方面来说：一是母亲的问题，一是小孩子本身的问题。他家里也许是很穷的，他的母亲没有受过相当的教育，小孩子出来，让他蓬了头发，拖了鼻涕。照理他的母亲应当把他的头发梳一梳，脸孔洗一洗，再让他出来。这个问题，做教师的应当怎样去解决？第一个办法，就是去访问他的家庭，告诉他的母亲：你应当建议小孩子每天必须要随身携带一块干净的手帕，这块手帕不一定要很好的，就是一块干净的布也可以。第二，就是在学校里替他梳一梳头，洗一个脸。我们现在要问，你做老师的怎样对他说？怎样教他以后不蓬头、不拖鼻涕？

你不应当在别的小孩子面前对他说："你这个小孩子多么脏，蓬了头，拖了鼻涕，赶快去弄干净。"这样一说，这个小孩子会发生两种反感：假使他怕羞的，他就会哭起来；假使他倔强的，他不

第六章 实施活教育的原则

听你的话，他不肯去梳头洗脸。所以，这种命令是没有大用处的，你应当用一种暗示的方法去教他。

你可以指着干净的小朋友说："啊！你的头发梳得多么整齐，面孔洗得多么干净！"这样一说，那个肮脏的小孩子，假使聪明一点，就会领悟到你的意思，恐怕他会轻轻走过来请你替他梳一梳头，洗一洗脸。假使这个方法不行，这个小孩的智力不够高，领悟的能力不够强，那你最好带他到清洁室里去，轻轻地对他说："你到镜子里照照看。"一照就看见他自己了，那时候，他一定会请你替他梳一梳头，洗一洗脸的。

这种方法看起来似乎是软性的，实际上小孩子是愿意改进的。这种方法，看起来似乎很费时间，你要花一点心思去对付。最容易做的是一种消极命令。你看见一个肮脏的小孩子，不知不觉会说他、会骂他，教他这样做、那样做。这种硬性的教育，是不彻底的，是暂时的。积极暗示是比较难做，而收效实际上是很大的。

第二个问题是痛苦的问题。假定你看见小孩子跌倒了，你就很慌张地跑过去对他说："小朋友，不要哭，不要哭，跌痛了没有？"本来他可以不哭的，给你这样一说，他反而哭起来；本来他不觉得很痛的，给你这样一说，他反而觉得痛了。究竟你应当怎样做呢？你可以对他说："小朋友，真乖！跌了一跤，自己会起来，真能干！"这样一鼓励，他要哭也不哭了；即使有点痛，他也会咬着牙齿，忍着痛苦了。

今天吃晚饭的时候，一个3岁的小孩子，在吃饭桌子下面玩弄，正要走出来的时候，一个不当心，在桌子边砰地撞了头，我以为他一定要哭了。他的妈妈非常机警，一听见撞声就对他说："乖乖今天能干，头皮会敲铜鼓了。"他出来一点不哭，没有现出痛的样子，不过在桌子边硬硬地敲了几拳，就走开去了。这是很好的暗示性教学法。他的母亲暗示他一个勇敢的意思，这个小孩子有了勇气，就把痛苦克服了。

第三个问题是惧怕的问题。这个问题的原因，大概是在黑暗中受惊吓，或者听人讲可怕的故事，所以到了黑暗中，他总想起可怕的情形；或者在黑暗中有的东西刺激他的想像，有的东西看起来好像是他所怕的东西，如在白天他被狗吓了一下，到了晚上他就会怕，以为黑暗中就有那可怕的狗。

我有一个侄儿，小的时候很怕鬼，晚上出去，总是要人陪的。有一天晚上，我带了他和他的哥哥到东南大学（就是现在的中央大学）去听讲课。他的哥哥（12岁）提了灯笼在前面走，我跟在后面，他一定要走在我们两人的中间，我特意走上去，走在他的前面他不肯，一定要走在中间。我对他说："你为什么一定要走在中间？"他说："我怕。"我说："怕什么？"他说："怕鬼。"我说："走在中间就不怕吗？跟在后面会怕吗？中间同后面有什么分别呢？"他说："在中间就不要紧。"

这个小孩子为什么这样怕呢？就是前几年在家乡的时候，常常听见乡下人讲鬼怪故事，他听的时候，非常爱听，但听了之后，就不敢回家了。

小孩子容易受暗示的，我们不要以鬼怪的故事去暗示他；但是已经有了这种惧怕，我们用什么方法去消灭这种惧怕的心呢？这个问题比较复杂，有一个方法，就是仍旧用暗示法去消灭惧怕的心理。他怕黑暗，我们还是带他到黑暗的地方去，你用言语告诉他不怕是没有用的。以行动来暗示他，你要显出不怕，一次两次三次，慢慢儿就会消灭惧怕的心理。不过这种惧怕，是有黏性的，要等到小孩子年龄大一点，身体强一点，勇气增加一点，理智纯一点，胆子也会大一点，惧怕的心理自然会消灭的。

第四个问题是有偷窃性的问题。这个问题，当然是相当复杂的，他今天之所以喜欢拿人家的东西，由来已久，不是一朝一夕所养成的。要解决这个问题，一定要考查它的原因。假定是因为家庭的关系而拿人家的东西，我们一定要满足他的欲望。我们要用正当的方法来满足他的需要，我们一方面讲廉洁的故事给他听，一方面要他知道尊重别人的权利。假若一班之中，有一个很好的学生，对公家的事物特别爱惜，你就可以趁这个机会，在大众面前把这个学生提出来讲给那欢喜拿别人东西的小孩子听。不过有一点你要注意的，不要直接对他说："你不要拿人家的东西，你从前是这样的，现在你要看某人的榜样。"这种话是多讲的，一讲反而引起他的反感，你只要暗示他，要他模仿就够了。

还有富有暗示性的故事，也可以产生很大的效力。

总的来说，暗示可分四种：一种是语言，一种是文字，一种是图画，一种是动作。

小孩子看了《西游记》，想上西天；看了《七剑十三侠》，想做神仙；看了《三国演义》，想做鞠躬尽瘁的诸葛亮；看了《岳传》，想做精忠报国的岳武穆，这是文字的暗示。

小孩子听了孙中山革命40年的奋斗史，就想建设新国家；听了林肯解放黑奴的故事，就想打倒奴隶制度，这是语言的暗示。

看了一张可爱的小孩子图就快乐，看了一张可怕的暴行图就痛恨我们的敌人。这种种的图画，已经有很大的暗示力量。所以世界各国都爱美术，都利用图画来做宣传工具。

动作的暗示，比任何暗示恐怕要来得大。

有一天，我教小孩子吃番茄。没有吃过番茄的人，也许不会喜欢吃的，但是番茄富于维他命，在欧美各国均认为是一种最经济、可口的食品。我的小孩子，当初没有吃过，我恐怕他们第一次吃了不好，以后就不喜欢吃了。这是我自己的经验，二十几年前，我到北平西山卧佛寺去玩，我看见一个在那边养病的学生，种了许多番茄。我问他这是什么东西，他说这是最好吃的东西，他就摘了一个青的番茄给我吃。青的番茄很酸涩，我咬了一口，就连忙丢掉。我得了这种很坏的印象，到了美国，有一年的工夫，对于这样可爱的番茄不敢尝试。有一天，有一个外国朋友一定要我吃，他吃给我看，他吃得津津有味，我就勉强尝了一下，一尝番茄的滋味，和从前大不相同，吃了几个，慢慢就喜欢吃了。到了后来，最喜欢吃番茄，这是我个人的经验。

适当的暗示是很重要的，得到这种经验之后，我就利用暗示性去教导小孩子。

有一天，我买了许多番茄，先把它在开水里一烫，把皮剥掉，切成小块，用点糖拌拌；拌的时候，他们都睁着眼睛看着我，我剥皮的时候，同时就说："这个多么红，多么好看！"拌了之后，我就吃给他们看，一吃下去就说："好得很！好得很！"他们看见我吃得津津有味，就也要尝尝看，我就给他们每人一块，他们还没有吃下去，我就说："不是很好吃吗？"他们皱一皱眉头，一口把番茄吃下去了。从此以后他们就很喜欢吃番茄了，我用这种动作的暗示去教导他们。

动作是富于暗示性的。动作愈激烈，暗示性当然愈大。小孩子看了戏剧电影，回到家里就要去表演。戏剧电影是活动的，有很大暗示性的魔力，因此我们要利用戏剧，利用电影，去实施儿童教育，实施社会教育。

上面所说的四种暗示，都有很大的力量，究竟哪一种最大呢？这也很难说，不过从儿童心理看来，动作的暗示性，恐怕要算最大的。做父母的、做教师的，应当以身作则，利用动作的暗示去教儿童。

替代教学法

替代法究竟怎样，让我来举几个例子：

（一）有一天，我看见我的孩子一鸣拿了一块破烂的棉絮裹着身体当毡毯玩。那时候，在我脑筋里就起了许多感想：我是立刻把他的破棉絮夺去呢，还是让他玩弄得着一种经验？是叫他把棉絮丢掉，还是用别的东西来代替？仔细一想，用积极的暗示去指导他好。我就对他说："这是很脏的有气味的，我想你一定不要的，你要一块干净的，你跑到房里去问妈妈拿一块干净的。"他听了，就跑到房里去换了一块清洁的毯子。

棉花是小孩子喜欢玩的，但是脏的东西，小孩子不应该玩的；我们可以给他新的东西，他同样可以得到玩弄的经验。这是一种以物代物的方法。

（二）小孩子喜欢画画的。有一天，有一个小孩子用铅笔在墙壁上乱画，把墙壁弄得很脏。看到这种情形，你应当用什么方法去处置他呢？打他是不对的。他画画是一种正当的活动，我们应当让他画；不过墙壁不是画的地方，假定画得好，那也没有什么关系，他能画壁画，那是很好的。但是普通的涂写，是不能作为观赏的。最好的方法，就是给他大的空白的纸张，让他在纸张上面去画。画了之后，你把他所画的图挂在壁上，来鼓励他的兴趣，这是一种以建设代替破坏的方法。

（三）小孩子总喜欢占有的，看见东西总喜欢要，好吃的喜欢吃，好拿的喜欢拿，好用的喜欢用，好玩的喜欢玩。公私的观念没有形成，学校里面，常常有你争我夺、东挪西拉的事情发生。在家庭里，做父母的，应当给小孩子相当的设备，什么看的书、玩的玩具、睡的床、坐的椅子、用的桌子，在可能范围以内给他一个小的房间，他可以睡，可以玩，可以读书。应当鼓励小孩子多集贝壳、邮票、钱币、昆虫、石头、各种花卉、图画、标本、矿物和植物。凡是小孩做的成绩，什么图画、手工，都应当让小孩子自己去保存。凡是不花什么钱的东西，都尽量设法搜集。这种搜集，有时候可以陈列起来，开一个展览会。这种搜集活动，可以满足小孩子占有的欲望，同时也可以培养小孩子的兴趣。

不但搜集可以满足占有的心理，就是种菜栽花，养鸡养鸭，都可以发展小孩子的个性。让小孩子种点花生，种点青菜，种点萝卜，或是养鸽子、养兔子、养狗、养猫，都有很大的意义。有一点我们应当特别注意，你顾到儿童占有心的时候，你不要忘了他要在社会中生活的，你不要顾到专心发展他的个性，养成一种利己的心理，而忽略了共同生活的一种原则。所以一方面你尽量可以要小孩子有自己的东西，但一方面必须要他参加共同的生活。比如，种地啊，养家畜啊，不要给他一个人专有一块地或一样东西，要大家共有，要大家合作，这是顾到个人的占有心，而同时顾到公共的事物，这是以搜集来代替争夺的方法。

（四）普通小孩子都喜欢合群的。在家里孤独的小孩子，就会发生想像的伴侣。在学校里，一个孤单而没有朋友的小孩子是一定有问题的。

有一个6岁的小孩子，吃饭的时候，总要在桌上另外放一双碗筷，给他的想像伴侣吃。游戏的时候，他会自言自语地交谈。有一天，他正在地板上玩弄玩具的时候，一个客人从外面来，在他的面前走过，这个小孩子就喊起来说："你不要踏在我的朋友身上。"这个小孩子因为没有伴侣，所以脑筋中只有一个想像的伴侣。在这种情形之下，做父母的应当想法子替他找一个伴侣同他玩玩；若是没有真的小孩子，洋娃娃也可以的，清洁的猫狗也可以的，都可以代替真的伴侣。

（五）在学校里小孩子无形中会有组织，没有正当的指导，没有正当的组织，小孩子自己会三五成群、四五结队的。那一种成群,那一种结队,常常会做出不正当的举动,做出各种破坏的工作,甚至产生偷窃的行为。

做教师的,应当利用他合群的心理、组织的能力,把全校的学生组织起来。消极的制裁是没有用的。在小学里,儿童团是很好的组织。在中学里,自治会以及各级的级会、各种课外活动,都可以满足小孩子合群的心理,这是以正当的组织来代替不正当之活动。

(六)小孩子喜欢游戏,喜欢赌博的。我在上海的时候,常常看见小朋友在街上抽签,一个铜板抽一抽,抽着了有糖吃。还有一种转糖,一个铜板转一转,中了什么,就得着什么。这种侥幸的心理,不要说小孩有的,就是大人也是有的,什么跑马、跑狗、打回力球,都是这一套。我们用各种游戏来替代赌博。赌博最重要的,不过是一种机遇,为什么小孩子喜欢赌呢?一方面固然是一种侥幸的心理,一方面有一种机遇的因子,引起小孩子好奇的心理。

游戏也有机遇的要素的。比如捉迷藏,各个人都有被捉到的可能,这是机遇。在操场上各种球类比赛,各种运动,都有成功失败的机遇。运动游戏可以满足小孩子侥幸的心理,所以游戏可以代替赌博的。

总而言之,小孩子生来无所谓好,无所谓坏的,他时时喜欢游戏,我们应当想办法来满足他的欲望。同时要使得他顾到别人家的幸福,要使得他参加共同的生活,要使得他爱护公共的事物。小孩子好奇的、侥幸的心理也是有的。机遇的引诱,可以引起他的好奇。我们可以用各种游戏来满足他的侥幸心理。小孩子是好动的,他喜欢做这样,做那样,你没有东西给他做,他就要破坏,就要捣乱,所以我们要他做,要他建设,要他创造。小孩子喜欢合群,我们应当让他有一种正式的组织来发展他的能力,来养成他们的群性。我们要处处顾到儿童的心理,我们要用各种替代的方法来满足他的欲望,来发展他的个性,来培养他的人格。

注意环境，利用环境

"大自然大社会都是活教材"这个意思，我已经在上面详细地说过。现在我要说的，就是在大自然大社会的环境中，你可以找到许多活教材、活教具。

"麻将"不是各个人都喜欢吗？为什么我们喜欢麻将呢？其中必定有奥妙。麻将是骨头做的，摸摸就发生一种触觉的快感。麻将又刻了红红绿绿的颜色，什么红的"中"，绿的"发"。你把牌儿在桌上一拍，就听到清脆悦耳的声音。你在桌上拿起来的时候，就产生一种神秘的心理，这张牌是"白"呢还是"风"，这里有一种机遇，你若碰到了，那么就运气了，若是碰不到，那只可耐着性等着。麻将实在是好玩的赌具，无怪中国人都喜欢，近几年来，麻将在美国也风行一时呢！

因此在20年前，我在南京办鼓楼幼稚园的时候，我自己向自己说：麻将是一个很有趣的赌具，为什么我们不把它变成一个好玩的教具呢？假使能变成识字的教具的话，那不是小孩子识起字来很快吗？麻将牌怎样变成教具呢？听起来好像很奇怪，做起来倒很容易，那时候我就跑到夫子庙，叫麻将店的老板，替我刻副活字块。我在儿童用书中选出了200多个字，每个字刻两块。儿童喜欢颜色的，所以我叫他依照部位，着了红、绿、蓝、紫的彩色。比如"鸡""鸭"两个字，"鸟"部用红的颜色，"又""甲"部都用绿的颜色；比如"江""草"两个字，三点水用蓝的颜色，草头用绿的颜色。字块这样一着色，就显得格外鲜艳夺目了。

怎样玩呢？有两种玩法：一种是凑对子，一种是拼句子。凑对子是为不识字的儿童玩的，拼句子是为已经识了几个字的儿童玩的。可以让孩子们围坐一张桌上，共同玩耍。

赌具变成教具,多得很呢!我曾经把国外的一种钟面式的赌具,变成一种好的练习算术的教具。它究竟是一种什么赌具呢?是一个洋铁做的小圆盘,盘面上像一个钟,有长针秒针,长针秒针周围都有分数,你把长针一拨,秒针也跟着移动。长针转得快,秒针也转得快,长针停了,秒针也会停的。长针假定所指着的分数是8,秒针所指着的是7,那你就得着56分;假使我拨的长针是在9分,秒针是在8分,八九七十二,那我就胜了。你看这个不是个很好玩的九九表吗?小学三年级的学生,学习九九表的时候,正好玩这种教具呢!

在新年的时候,你可以在街上看见一种赌具:许多小孩子围着一个糖摊,在那里转糖,糖摊是一个圆盘,盘的四周放了各种各样的糖菩萨、糖动物,盘的中间是一个轴,轴上挂着一根横木,横木的一端垂着一根针。你假定要赌的话,就给卖糖的一个钱,给了之后,你就可转了,针转到那里,那里的糖人就是你的了。

这种赌具,在新年的时候,到处都可以看得到,它的魔力是非常大的,我们为什么不把它变成一个教具呢?20年前,我就这样问自己。我就做了一个转盘,教小孩子认识数字,形式虽然稍微有点不同,原则都是一样的。怎样不同呢?盘上画了格子,格子的上面写数目,下面写字,什么字呢?看情形而定,你可以写各种动物的名字,你也可以写各种花木的名字及小孩的名字;学什么,你就写什么。若是你能够在字的底下,再画上图,那就更好了。小孩子可以看了图就认得字,这是一种看图识字识数的好玩具。

赌具固然可以变成教具,玩具更加容易变成教具了。新年的时候,在空场上,摆着一个傀儡戏台,锣鼓一敲,大大小小,老老少少都跑来看了。这种有魔力的民间娱乐的工具,为什么不可以变成一种教具呢?

8年前,我到欧洲去考察教育的时候,在英国、法国、苏联都看到傀儡戏。回国后我就在南京鼓楼幼稚园介绍傀儡戏给幼稚生玩,他们玩得很高兴。在上海,介绍给小学生玩,他们玩得很起劲。现在在江西介绍给幼稚师范同学做教具，也做得很有价值。师范生编著剧本，布置戏台，自造傀儡，给幼稚生玩，给民众看，都玩得很起劲，看得很高兴。这是把民间的娱乐工具变成儿童的教具。

赌具固然可以变成教具，民间娱乐的工具，固然可以变成儿童的教具，木屑竹头、破布碎纸，何尝不可以变成教材教具呢？竹圈不是儿童的恩物吗？不是普通的竹子做的吗？竹子可以做碗、做罐头给小孩子玩。木头木片可以做飞机、坦克车、汽车、桌、椅等各种玩具。有一只小猫，看起来那么可爱，它是什么东西做的呢？一只破袜子而已！

纸篓里的废纸，可以变为很好的教材呢！你把碎纸浸在水里，浸了一两天，拿出来用面粉一揉，揉成纸浆，好像粉团一样，你要把它做兔子也可以，把它做老虎也可以，你要把它做立体地图也可以，碎纸是一种很好的教材呢！

你要做一个成功的教师，你一定要注意环境，利用环境，环境中有许许多多的东西，初看看与你所教的没有关系，仔细研究研究看，也可以变成很好的教材，很好的教具呢！

分组学习，共同研究

　　活教育教学原则，我已经讲了11条。以前所讲的，都注意在个别学习，本条所要讲的，是分组学习，共同研究，以集体的力量，来得到学习的效力。传统的教育，注重在个别的学习，就是像我们现在的学习，形式上是一级一级地上课，而实际上仍是个别地学习。

　　我们知道在教育制度上，有一种名字，叫做班级教学，就是像我们现在这样上课。这种制度是中国新兴教育制度以来的教育。我们知道以前的教育，是私塾的教育，完全是个别教学的，各人学各人的，各人个别地进展。它的好处，是各人依照各人学习的能力，个别进展，可以不受别人的牵制。班级教育是大家一同来读一样的书，一同来学同样的东西，进展的速度是一样的。它的好处是什么呢？先生一个人教，学生共同来学，时间经济，设备经济，人才经济。而它的坏处呢？使得全班的同学变成了中庸的制裁。好的不能上去，坏的勉强上去，没有主动，没有特殊的进展，大家被"班级"所限制了。

　　新教育为什么忽然反对班级教学呢？这是研究心理时的一个大发现，也可以说是20世纪的新发现，发现人类都有个别的差异。以前的人以为儿童是具体而微的大人，都是一样地生长，一样地发育的，以为人类都是一样的智力，一样的体力，其实各方面都是不同的。所以有的人就主张分别学习，认为教育应适应个别的差异，应当依照各人的智力、体力、能力而发展。在中国班级教育系在新教育之前，新教育的个别教学就是补班级教学的不足。所以新教育就有各种不同的制度，像文纳特卡制、道尔顿制、蒙台梭利教育方法都是注重个别学习的。

　　现在我所要说的，既不是班级教学，也不是个别教学，我主张以分组来研究，共同来讨论。分组研究有什么好处呢？

第一是有组织。班级的形式，虽然是一班，好像有许多人在一起学习，还有级长，而实际上学习的时候，是没有组织的，因为大家都是一个一个地学习同一样的东西。分组学习是怎样的呢？比如我们以研究儿童文学为中心，我们可以分成几个组来研究，一组专门研究儿童故事，一组专门研究儿歌，一组专门研究歌曲，一组专门研究童谣谜语。各组先来阅读关于有关各组的书籍，然后来相互报告，提供意见，彼此讨论，以一个人的思想能力而至于一组，以一组而至于一级。我们看右图，可以知道彼此发生了连带的关系。

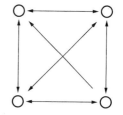

4个人可以发生6个人的关系，5个人可以发生10个人的关系，6个人可以发生15个人的关系，7个人、8个人当然可以发生更多的关系。由此我们可以明了集体学习，就是以大家的思想来互相感应。我们研究学问专靠一本书，所得就只限于一本书。如果除读书外又和人来讨论，因为和人讨论就有刺激，有刺激就有反应，刺激越多反应也越多。从刺激和反应的中间就可以研究出一个真理来，与人讨论是互相刺激的，所以集体学习是超过个别教学的，超过班级教学的。

这里还有一个问题，就是集体学习与时间的问题。我们要集体学习，当然不能以时间来限定学习，所以像班级教学的一小时一小时地上课，就不能适合了。至少以两小时或半天为度，根据所学的材料，应当以充分的时间来研究来讨论。

第二是经济。分组学习是先来分组研究，再来互相报告，再来共同讨论，使全体的人都能得到各组所研究出来的东西。本来我们一个人只研究一个问题，现在集体学习，一个人同时可以学到许多东西，等于研究了许多问题。我们教学的原则是要学生学习，教师的责任，不过是从旁指导学生而已。

教学时还有一件事，我们应当特别重视的。什么事呢？就是注重教学的过程。一般的教学，往往只注重教学的结果，而不注重过程。怎样重视教学过程呢？就是我们怎样学、怎样教，才能学得好、学得快，两年的功课一年可以做完，而做起来很快慰。这是教学时应当注重的。

集体学习是活教育教学原则的一种方式。一个人的思想，需要有刺激，有了刺激，思想就越来越多，越来越进步。别人给我们的刺激，不一定是好，但因别人的刺激而引起我们其他的思想，同样可以得到好处。我们中国有句话说："三人行，必有吾师。"无论农、工、商人，都可以跟他学习，学习一定要多方面的。旧式的教学，只见老师在打气，这是单轨的教学（如右图），因为只有教师对学生刺激是单轨的，我们现在要把它变为复轨的。集体学习是用分组来研究，共同来讨论的方式。各人都有意见发表，彼此都有不同的思想，思想愈多愈复杂，就可以整理出一个真理来。

还有做的时候的态度非常重要，不要以为自己总是对的，别人总是错的，要大家贡献意见，择其类别加以分析而讨论之，那做时兴趣一定浓厚。一人做事与两人做事就有不同，两人做事，彼此商量，意思就多；就是享乐也是如此，所谓独乐不如共乐，所以研究学问更应当共同来学习的。

教学游戏化

　　游戏是人生不可缺少的活动，不管年龄性别，人们总是喜欢游戏的。健康的小孩子是好动的、快乐的。假如在读书的时代，我们也能化读书的活动为游戏，那么，读书不是会变得更有趣、更快乐、更能进步了吗？但是，我们中国人往往轻视游戏，把游戏当做顽皮的活动，小时爱游戏，大家还没有什么话说；一个十六七岁的小孩，也要游戏的话，那么，人家就会骂他"没出息"。因为在他们的心目中，总认为读书的时代就不应游戏。这种把读书与游戏孤立分离的看法，完全是错误的。假如说读书只有读书，读书就不应游戏，那么，读书的生活，势必枯燥无味，哪里还谈得到进步！

　　做到教学游戏化，就要使读书生活兴致蓬勃，学习进步分外迅速。究竟如何才能使教学游戏化呢？现在就举几个例子来说明：

　　在幼稚园教学中，我们利用积木游戏，让小朋友自己来搭一座房子，在花园里还养着许许多多的动物，这样就可以使小朋友学会如何布置环境，如何辨别动物的种类，同时对于儿童身体的发展，也有很大的裨益。沙盘游戏也有同样的功用。

　　唱歌也是一样，就以唱一只"龟兔赛跑"的歌来说吧，假使在唱歌的当儿，请几位小朋友共同表演起来，那么，对于龟兔的特点，就更加容易明了，而且还能引起小朋友研究的兴趣。

　　在小学教学中，学习认字和造句，也可以利用游戏的方法。

　　比如认字教学，我们可以把全班小朋友分为两组，老师拿出写着字的卡片来给小朋友们看，小朋友一见到这个卡片，马上就要读出上面的字来，说得最快的就把卡片送给他，到最后看哪一组的小朋友得到的卡片最多。

　　又如造句教学，也可以用同样方法来进行。假定全班有 40 个小朋友，就分成两组，坐列两旁，每个小朋友手上拿一张写着字的大卡片，字的大小，以大家彼此能看得见为度；两组的字是相同的，40 张卡片，共有 20 个不同的字，每个小朋友都应当记住自己手上所拿的是什么字，并认得别人手里的是什么字，准备好了以后老师就读出一个句子来，比如"兔子比乌龟跑得快"，或者"兔子睡着了，跑不过乌龟"，于是两组中拿着这几个字的小朋友们就赶快跑出来，依次序排成这样一个句子，哪一组快，就算胜利。

把枯燥无味的认字造句，化为兴致勃勃的游戏活动，在做的过程中，培养兴趣，加强学习，这就是教学游戏化的真实意义。

不过，游戏是不是有范围的？各种学科，任何儿童是否都可以采用？这些问题，实在非常重要。游戏化适用于任何人与儿童，也适用于任何工作与教学，只是儿童年纪愈大，教学游戏化的困难愈多罢了，幼稚园比小学容易，小学比中学容易，至于大学，教学游戏化的困难便更大了。

在教学游戏化的过程中，我们做老师的还特别要注意两个问题：

第一，要注意方法与目的的配合。游戏的方法，本来是为了要达到教学目的而运用的，忽视了这一点，就失掉了教学的意义。例如学习算术，我们用拍球游戏来教学数字，用投圈游戏来教学加法，当小朋友已学会数与加法之后，我们竟忘记了教学的进度，还是继续做拍球投圈的游戏，致使算术课变成了游戏课，完全失去了算术教学的意义。因此，老师应当随时考查小朋友们的进度，以达到教学游戏化的要求。

第二，要注意多数人活动的机会。教学游戏化最容易发生的流弊，就是由极少数成绩较好的小朋友来做，其余的小朋友坐着看，这无异于剥夺了大多数儿童的学习机会，做老师的当特别注意这个问题。任何游戏，要使各个小朋友都能参加为准。

教学游戏化是以"做"为中心的，也就是"做中教，做中学，做中求进步"的教学运用。其充实与发展，还有待于大家的研究与努力。

教学故事化

"教学故事化"是从"儿童爱好故事"这一个理论基础所产出来的教学原则。所以,当我们要追问为什么要教学故事化的理由时,必须把"儿童为什么爱好故事"这一问题,先来予以讨论。

就日常生活的观察、学校教学的体验,我们可以发现,没有一个儿童不喜欢看故事、听故事和讲故事的。儿童爱好故事的倾向,绝非偶然。一方面,儿童本身具有这种倾向的动力;另一方面,故事的形式与内容,对儿童心理的适应上,也有巨大的作用。详细说来,有下列诸点:

第一,故事与儿童的情感有交流作用。很明显,故事中所描述的对象,大都是有生命的。尤其是"拟人"或"拟儿童"的方式最为普遍。人性的表现,往往使故事中的人物与读者、听者或讲者之间,发生情感上的交流。这种情感的接近与交流,把故事中人物的喜怒哀乐,他的奇遇,他的危险,他的成功,他的失败,所有这一切,都转化为我们自己的喜怒哀乐,自己的奇遇,自己的危险,自己的成功与失败。把自己的情感投射到故事之中,便是儿童乃至成人所以爱好故事的原因之一。

第二,故事情节的神奇,能满足儿童的好奇心。儿童富于好奇心,事物的新异能激起儿童的好奇心。

故事在儿童的心目中是新异的,这新异不仅存在于故事的人物身上,同时,故事情节的错综复杂,其所相涉范围的广泛,关系的神奇,都是满足儿童好奇心理的资料。儿童之所以爱好故事,这自然也是重要的原因之一。

第三,故事能激起儿童的想像力。儿童有儿童自己的思想。儿童的想像力不论在数量上、与实际相符的程度上或性质上都跟成人不同。但儿童有自己丰富的天真思想，那是毫无疑问的。故事结构的曲折、描述的生动，实有引人入胜的功效。而且，每一个故事，都具有猜想的成分，把儿童导入无限推论的境界之中，致使儿童获得很大的快乐，这便是儿童所以爱好故事的又一原因。

第四，故事组织的完整，适合于儿童的学习心理。儿童对于组织完整、意义联贯的事物，容易学习，容易了解。而对于那些零星破碎、漫无组织、孤立片断的事物，不易学习，不易了解。凡愈容易了解的，儿童愈喜欢去学。换言之，就是组织完整，意义联贯的事物，儿童便喜欢它。故事的组织，正合于这个要求。因此，每个儿童总喜欢故事。同时，故事的描述是活动的、常变的，它每以儿童年龄的差异来变更它的内容与组织，使它更适合于每个儿童的情感。

由于上述的各种原因，故事在儿童是一种重要的精神食粮，通过故事的形式，儿童的学习一定兴致百倍。但是，在传统教学的过程中，由于旧课本内容的限制和教师教死书的毒害，使儿童对于故事爱好的倾向，遭受了严重的阻碍。旧课本中除了形式教条以外，没有故事。教师除了以课本为经典之外，也没有故事。故事被排除于教学门外，这在儿童心理上确实是一种严重的压迫。所以，在许多学校中，一个和善可亲的教师，每每被儿童所请求来给他们讲故事。如果教师拒绝了，那么，儿童的内心是会痛苦的，读起书来也就没精打采了，哪里还谈得上教学的效能。然而通常一般人总不了解故事在教学上的重要，也不知故事在教学过程中应当如何运用，这是多么大的遗憾！现在，我们要打破传统教育对故事的蔑视，而提出"教学故事化"的原则。

教学故事化可以从两个方面来说：

第一，是教材故事化。这是用故事的体裁来编排教材，用教材。故事的体裁可以分成两种，其一是直接的，故事的叙述是以第一人称为出发的。比方"我看见一个工人""我听到鸟叫"之类的叙述。其二是间接的，故事是以第三人称为出发点的，比如"他在跑路""他看一本书"之类的叙述。

直接的叙述，由于跟儿童的情感较易接近的缘故，因此，所收到的效果，较之间接的故事来得更显著、更敏捷。下面的一段故事，便是用直接法来写的：

"有一天早晨，一只小白兔，从山洞出来玩玩，在路上看见一只乌龟，就说道：'乌龟哥哥早！'乌龟说：'白兔哥哥，你早！'乌龟背了一个硬壳，爬得很慢。白兔笑道：'你背了这样重的东西，实在太不方便了！'乌龟说：'你不要笑我，走起路来，恐怕你还不如我呢！'……（看拙编《儿童故事》）"

但有时候，这个故事是这样被描述的：

有一天，有一个老师在课堂上讲一个龟兔赛跑的故事，他说："有一天早晨……

乌龟背了一个硬壳，爬得很慢，白兔就笑乌龟，说它背了这样重的东西，实在太不方便了。乌龟叫白兔不要笑它，如果走起路来，恐怕白兔不如它呢！……"

同样的故事内容，用两种不同的方式来表现，结果如何，用不着说，大家一看就明白了。所以教材要故事化，而且要直接故事化，才能生动，有力。

教材故事化，并非仅指国文教材一种而已，凡历史、地理等教材都可以运用故事化的原则，都可以采用直接故事化的原则。

第二，是教法故事化。活教师是一个善于引起儿童学习动机的教师。固然儿童的学习要由儿童自己来做，但如何引起儿童的学习动机，完全看教师是否有活教育的修养。引起儿童学习动机的方法虽然很多，但利用故事的教法，确是容易收效的。教法故事化的目的，就在于引起儿童学习的兴趣，使他们注意力集中起来，快快活活地来做自己的工作。传统教育要儿童"苦读"，而我们应当要儿童"乐干"，惟有臻于乐干的境地，儿童才能学得真知识、真学问。

教学故事化是活教育的新要求，它在教学过程中究竟能产生如何的效果，是有赖于我们教师的努力与研究的。

教师教教师

所谓教师教教师，就是举行教学演示或者组织巡回教学辅导团一类的组织。

教学演示同巡回教学辅导是近代教育方法上一种新的趋向，不仅能够在一个学校、一个城市里举行，同样地也可以应用"分组学习，共同研讨"的原则，推行到所有的学校里去。

就目前教育上所发生的最严重的问题看来，在职教师如何充实自己，如何提高，的确最值得我们重视。一个优良的教师当然第一是他自己本身条件的优越。

教师通常进修的方式大概有下面几种：

（一）各种研究会

（二）讲习会

（三）暑期学校

（四）夜学校

（五）其他进修方式

上述这些进修方式以举办各种研究会为最普遍，它的性质可以分为：（一）分科的或混合的。（二）定期的或不定期的。

根据我个人经验，这种只是用耳朵听，靠别人用嘴讲的讨论或者讲演方式不能收到成效，由于非亲身去做，不能切实感觉的缘故。几年前，我就组织教学演示来补救这种缺点，就是本文所讲的教师教教师方法的一种。

战前的上海，教学演示是分区举行的。每学期规定每星期六由一个学校担任教学演示。每次演示及担任工作的人员事前都准备好，是采用轮流方式的，而且依据各科的性质分别举行。比方讲，音乐要怎样教，图画应该怎样教，或者国语、时事等怎样才能教得好，就根据这些问题分别举行音乐教学演示、图画教学演示或者国语教学演示等。举行音乐教学演示时，全区各校音乐教师全体参加观摩，担任教学演示的教师事前准备教案油印分发。

这种教学演示的步骤是：

（一）担任教学演示之教师做一教学设计，并演示给到场各教师观摩。

（二）演示完毕即举行讲评，讨论其优点缺点。

（三）进而研讨怎样应用最新教法，选择最新教材而完成最合理的教学工作。

这样一来，经过一次音乐教学演示，一般音乐教师就领悟音乐这一门是应该怎样教，怎样才教得好，并且能了解他自身过去在教学方法上所犯的错误。这种经验是单凭听讲，没有参加实际教学演示的教师所无从获得的。

这种方法有很多优点，我们应该特别提示出来：

（一）施教者（即担任教学演示的教师）事前须有准备，即使对某科教学平时不大感兴趣，亦非努力准备不可，在这种准备工夫上可以增加他在教学上的兴趣。

（二）其他教师因有轮流担任机会，因而亦需加以准备，用这种鼓励方法，可以增加其他教师的教学兴趣。

（三）因为彼此互相观摩，互相批评，学校的行政自然而然跟着改进。采用这种方法实际上比行政当局派员到学校去视察容易收效，而且更吻合教育上的"自动的积极的"原则。

（四）一般教师参加可以得到观摩切磋的益处，进而改进其教学方法。

（五）受教者（即教学演示的对象）在演示前已得到很大的鼓励，借用外力督促和鼓励儿童，实在亦是一种方法。

举行教学演示有几点我们应该注意：

（一）施教不易，主持教学演示者事前应声明，这是讨论方法，不是任意批评，是对事而非对人，否则容易引起误会。

（二）施教者不是示范而是施教，要使参加的人都很明白。

（三）施教者事前一定要有充分准备，主持人应与施教者洽商妥当，否则会使施教者感受不安。

（四）演示以后，一定要多方提示问题，尤其提供参考书籍，以引起教师能对以后的教学问题做进一步的研讨和解答。

（五）除教学本身外，教学以外的有关技术动作习惯都应加以注意。

（六）施教者对于施教的整个教学过程都需注意。

（七）尽量避免给学生事先知道。

此外，在行政组织内，组织巡回教学辅导团，聘用专门人才，依据活教育所定五指活动，分科担任辅导，这种辅导工作，对于一般教师颇有帮助。

办理巡回教学辅导，应由各地教育行政机关或办理颇有成绩的学校，首先倡导并轮流到附近各学校去演示，因时因地因人而制宜，把握时机，通过这种方式，协助当地各级学校组织各种教学演示会议，使成为全区的教学中心据点。

教学演示同巡回教学辅导，是教师教教师的最好方法。一个优良的教师一定乐意参加教师教教师的工作，来充实自己本身！

儿童教儿童

儿童教儿童，意思就是以儿童来教育儿童，以儿童来指导儿童。陶行知先生所提出的"小先生"制，就是以儿童教育儿童为原则的。

儿童教儿童究竟有什么好处呢？它跟成人教儿童又有什么不同呢？现在，我想做一个简单的说明：

第一，儿童了解儿童的程度比成人所能了解的更为深刻。我们都知道，教学是否能收到好的效果，就要看教者对于学者的心理是否了解为定。了解深，效果大，了解浅，效果小，这是不易的定则。成人与儿童之间，由于年龄经历上的差异，彼此的认识，总免不了一条鸿沟横亘其中，除非成人教师对儿童心理学已具有相当的基础。儿童与儿童之间的情形，就显然不同了。由于他们彼此年龄的相仿，兴趣易于接近，理解思想一致，尤其是儿童最乐于把自己的经验告诉别人，当他学会一点新的东西时，他总是很热心地让别人知道。儿童了解儿童较深刻，这是我们所以要提出儿童教儿童的第一个基本认识。

第二，儿童鼓励儿童的效果比成人所能获得的更为巨大。我还记得有过这样一回事情，就是一个 12 岁的小朋友，对三四百个中学生演讲国际问题。他年纪虽小，但演说起来非常的生动有力，个个听者都被感动。这次演讲的价值，我想与其说他加深听者对国际问题的认识，还不如说是他已经激发了听者的上进心更加合理。因为在这位小朋友演讲之后，学生们都有这样的感觉，他们这样想：人家是一个小孩子，能说得这样有理、动听，难道我自己就不如人家吗？于是，从那以后，各个学生都分外地注意国际问题，时时训练自己的口才。每个学生，都得到了很大的鼓励。假使那次对他们演讲国际问题的,不是小朋友而是成人,那么,所得结果也许会截然不同,因为学生们心目中认为成人能够做这件事是并不稀奇的。我们所以说儿童教儿童,对被教儿童的鼓励较大,原因也就在于此。

第三,儿童教儿童教学相长。以上两点,都只是指学者方面来说的,担任教的儿童,是否能在教的过程中获得裨益呢?我们的回答是肯定的。儿童为了要教,事先就得充分准备;在教过以后,他对于所教的内容,认识必然更加清楚。所以,儿童教儿童,不但是被教者得益,即使教者本身,亦得到很大的益处。这种得益,不仅是在教材以内的知识范围而已,儿童且获得发展创造才能的机会。

儿童教儿童,原则是可以确定了。但教的办法应该怎样呢?这里,想简单地提出几种办法来。

第一,个别儿童轮流教。在同一学校或同一班级中,个别儿童可以轮流施教,使大家都有教的机会。同时,每个人既然都有轮到教的可能,当他学的时候,也就特别地用心了。当年,我办学校的时候,就采用了这个办法。比如说早操吧,就是由小朋友自己来领操,大家轮流领,老师在旁指导。于是,早操一开始,小朋友们个个都很用心专意地早操,而且还仔细地看领操的怎样领操,以便轮到自己的时候,知道怎样来做。就教学的效果上来说,这方法确能收益。

第二,各校儿童轮流教。这是以学校为单位的,每个学校互相轮流派学生来教,不仅是演讲而已,他们还可以有壁报交换,学术表演交换,时事演讲交换,音乐表演交换,种种活动都可以互相交换,互相观摩。学生们的情绪,真热烈极了,几乎是很自然地形成了学校与学校之间的竞赛。这种办法,不仅学生们得到很大的鼓励,连教师们都得到很大的鼓励,为了使自己学校的学生有更好的表现,他们指导儿童的活动的确是更热心,更兴奋了。在抗战时期,我在江西就采用了这个办法来促进儿童的学习。

第三,各城儿童轮流教。把学校的范围扩大,使各城市的儿童互相交换作业,互相交换教学。这种办法,做起来虽然比较困难,非有严密的组织不可,不过,儿童确实能够胜任这个责任的。这不仅能使儿童本身得到活的知识,就是各地的文化也可借此得以交流。

第四,各国儿童轮教。这是以国际儿童为范围的。

儿童教儿童,是有效的教学原则,希望它能与"儿童互助运动"密切配合,使人类文化得一份推动之力。

精密观察

　　观察是获得知识的基本方法，而精密观察则是开启真理宝藏的钥匙，握着这把钥匙，我们便能接近科学的真理。探险家是凭着精密的观察，在自己生活的世界以外，发现新的世界的。科学家也是凭着精密的观察，在自己生活的周围，发现新的事物。无论是探险家或科学家，都是运用观察方法的能手，他们都凭借精密观察之力，来拓展新的世界！因此，在我们教学的过程中，如果也能采用观察的方法，一方面通过实地观察来施行教学；另一方面通过实际研究来培养儿童善用观察的学习态度；则教学的效果，必将因此而有所增进。

　　为什么用了观察的方法，便能增进教学的效果呢？

　　第一，由观察所获得的知识是直接的知识。我们曾经说到过，根据知识来源的不同，知识可以划分为直接的与间接的两种。凡是经过符号或语言报导出来的，都属于间接的知识，具体点说，从书本中得来的知识便是间接的知识。而另一方面，我们从事物本身得来的有关该事物的知识，才是直接的知识，由观察所获得的知识，便是直接的知识。间接的知识是前人实践经验的总结，是人类文化的积累，对教育学生是重要的，不可少的。但光有间接知识是不够的，还必须引导学生接触实际，从大自然大社会中去观察去探索去获得直接知识。因为间接知识是经过别人收集、分析之后所得的知识，还要经过自己的观察和探索才能加深认识和理解，才能检验这些知识的真实性以至有所发明和创造。所以间接知识和直接知识是互为补充，缺一不可的。

　　其次，亲身阅历的经验，印象最深刻。自然教科书曾告诉我们空气中含有约 1/5 的氧与 4/5 的氮，但这一个概念，儿童是不容易记忆的。活的知识，向书本中寻求，其印象的确是很淡薄的。假使现在我们改变一种方法，我们用一个水槽，把个玻璃钟盖在水中，然后在玻璃钟内燃烧蜡烛，这时我们立刻可以发现水槽中的水便逐渐流入玻璃钟中，使钟内的水面慢慢地增高起来；当燃烧停止时，钟内水面，刚好升高到钟内体积 1/5 的地位。这说明了空气中 1/5 的氧，已经燃烧作用而耗去了，因此，水便代替了氧，占领了它的空间。经过这样的实地观察之后，儿童对于空气中所含氧与氮的比例问题，必定获得较深刻的印象。假使这些实验是由儿童自己动手来做的，那么，它的印象，将更为深刻。印象的深刻，对儿童知识范围的扩展关系至巨，于此，我们可以获得更好的教学效果。

第三，容易发现问题，也容易解决问题。就上面所举的例子来说，当儿童看到钟内的水面上升时，他们马上就会发问："为什么水面会上升呢？"当然，儿童能提出这样的问题，是非常有意义的，但这种问题，只有当他们在观察的过程中才能发现。观察固然容易发现问题，而许多问题，也只有借观察的方法，才能解决得明确完满。比如上面所提出的问题"为什么水面会上升？"我们很可以用文字或语言解释给儿童听，告诉他们这是大气压力的缘故。但大气压力究竟又是怎样一回事？说来说去，也许更使儿童糊涂，还不如直接让儿童来观察大气压力的现象来得更清楚，因为直接的知识，最具体，最容易了解。自然科学方面的问题，固然可以用观察的方法来解决，就是其他新学科的许多问题，也同样地可以用观察的方法入手。

最后，我们可以说观察不仅能增进教学的效能，同时，还可以培养儿童学习的兴趣与求真的态度。我们都知道，死教书不仅教的人自己觉得枯燥无味，就是儿童也异常的痛苦。这种痛苦的感觉，在儿童方面可以说是最敏锐的，因此，他们惧怕读书，对任何学习，都显示冷淡的态度。遇到这种情形时，我们总说学生学习不起劲，其实这并不是学生不起劲，而是因为教学的方法有问题。假使我们改变教法，发挥观察的作用，使儿童向活生生的事物去学习，向大自然大社会去学习，那么，他们的学习兴趣必能勃然大作，然后予以正确的指导，儿童自然能获得真实的学问。

观察的教学，不仅能促进教学兴趣，而且儿童的人生态度，亦将因此而得到健全的发展。观察所依据的是客观事实，失去事实的支持，则附会造作都将产生。儿童养成观察习惯之后，一种尊重事实，求真求是的态度，很自然地会建立起来。

但精密的观察怎样才能达到？现在略述几点如下：

第一，全面的观察。片面的观察，不足以概括全体，根据一点、一线、一面的观察，就来做全面的概括，往往错误百出。精密的观察的首要条件就是要全面的观察。

第二，比较的观察。有许多事实，必须经过比较，才能得到正确的结论。比如说，我们想知道稻谷在怎样的条件之下，才能生长得快，像这样的问题我们非用比较观察法不可。我们让谷子播在有日光的环境中与不见日光的地方有什么不同，播在干燥的土中与潮湿的土中又如何，经过多方面的比较之后，我们才可以获得一个较为正确的结论。因此，比较观察法，也是精密观察所应具的条件。

第三，系统的观察。观察作为教学的方法来运用时，是具有一种明确的目标的。为使教学的目标能完满地达成，观察的过程必须具有严密的计划，然后，按着这种计划，再来做系统的观察。有系统的观察，实是使观察得以精密的主要条件。

第四，五官俱到的观察。全面的观察要照顾到观察对象的各个方面，至于五官俱到的观察，则是观察者的主观的努力。观察者不仅是以片面的感官进行观察，而且还需要以视觉、听觉、嗅觉与触觉，五官俱到观察，才能发掘事物的真理。这就是说当观察的时候，我们要尽可能地利用我们的感官。我们用眼去看，用耳去听，用舌去尝，用鼻去嗅，并且还得用手去摸，让它们互相补充，互相帮助，使观察的过程更加完全、更加正确。

观察是人类获得知识的基本方法，而精密观察则是开启真理宝藏的钥匙，握着这把钥匙，我们便能够接近科学的真理。假使要教学能获宏大的效果，则精密观察的方法，便不能不予以正确的运用。

图书在版编目（CIP）数据

怎样做幼稚园教师/陈鹤琴著. —上海：华东师范大学出版社，2013.4
 ISBN 978-7-5675-0553-7

Ⅰ.①怎… Ⅱ.①陈… Ⅲ.①幼教人员—师资培养 Ⅳ.①G615

中国版本图书馆 CIP 数据核字（2013）第 073378 号

大夏书系·名家经典
怎样做幼稚园教师

著　　者	陈鹤琴
编 选 者	柯小卫
策划编辑	李永梅　程晓云
审读编辑	李热爱
封面设计	奇文云海
责任印制	殷艳红
出版发行	华东师范大学出版社
社　　址	上海市中山北路 3663 号　邮编 200062
网　　址	www.ecnupress.com.cn
电　　话	021－60821666　行政传真　021－62572105
客服电话	021－62865537
邮购电话	021－62869887　　地址　上海市中山北路3663号华东师范大学校内先锋路口
网　　店	http://hdsdcbs.tmall.com/
印 刷 者	北京密兴印刷有限公司
开　　本	700×1000　16 开
插　　页	1
印　　张	13.75
字　　数	188 千字
版　　次	2013 年 7 月第一版
印　　次	2021 年 11 月第七次
印　　数	20 001 — 23 000
书　　号	ISBN 978-7-5675-0553-7/G·6361
定　　价	29.80 元
出 版 人	朱杰人

（如发现本版图书有印订质量问题，请寄回本社市场部调换或电话021-62865537 联系）